효명 작명

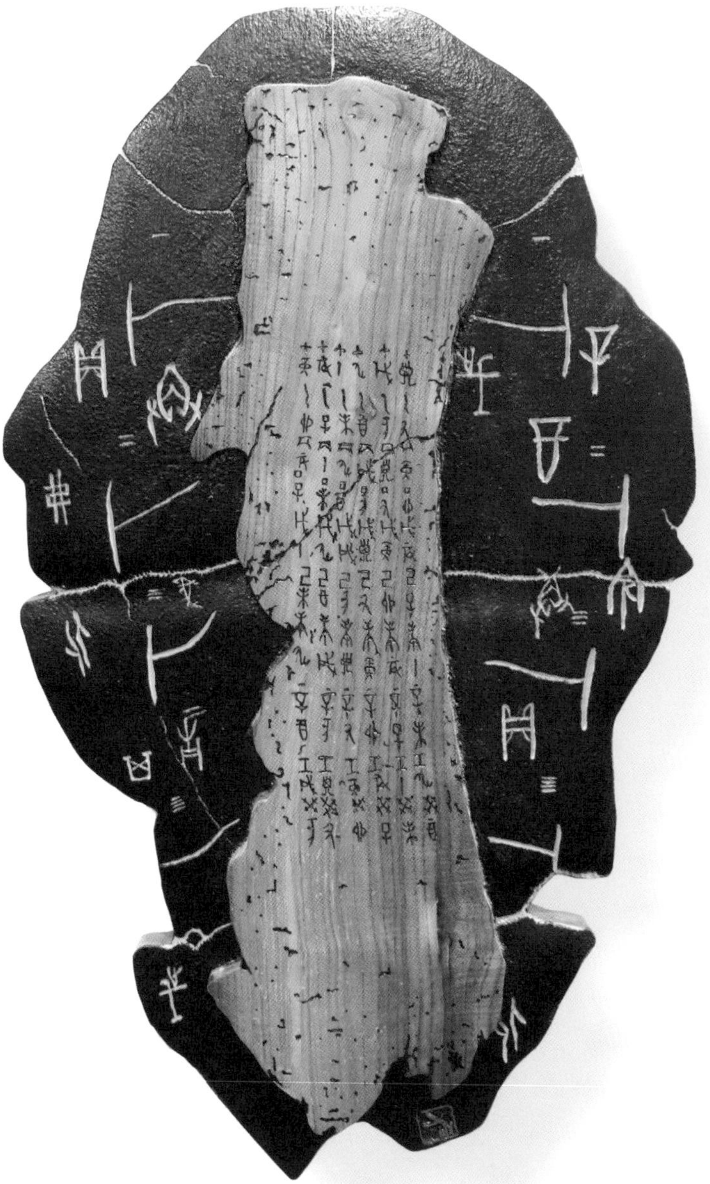

60 甲子 甲骨文
박종찬 書刻

효명작명

펴낸날 2023년 5월 15일
3쇄 펴낸날 2024년 8월 13일

지은이 최화복
펴낸이 주계수 | **편집책임** 이슬기 | **꾸민이** 이슬기

펴낸곳 밥북 | **출판등록** 제 2014-000085 호
주소 서울시 마포구 양화로 7길 47 상훈빌딩 2층
전화 02-6925-0370 | **팩스** 02-6925-0380
홈페이지 www.bobbook.co.kr | **이메일** bobbook@hanmail.net

ISBN 979-11-5858-897-7 (13180)

한학자 할아버지가 알려주는
건강한 명리 · 작명 인문학

효명작명

효명 최화복 지음

“효명작명” 유튜브 명리학 입문 강의교재

밥북

저자의 말

아내가 부른다. 여보 식사하셔요. 한 상 소담스레 차림 한 반찬들과 밥 한 공기. 80년을 살고도 몇 해를 더 살아오면서 일상처럼 당연히 하루에 세 끼씩 먹었으니 나의 삶은 명철하신 어머니와 아내의 희생으로 살았다 해도 반박할 수 없다.

초등학교·특수학교 교사 생활 30년 동안 한자·한문학에 몰입하였다. 그 자료들을 바탕으로 인성교육에 힘쓴 결과 여러 명의 제자가 사회에 나아가 위상을 빛내고 있는 모습을 보고 있노라면 어쩌면 나의 평생을 지탱해 준 한문학은 밥 한 공기다. 황무지를 개간하여 옥토가 되고, 그 위에 새싹을 심고 꽃을 피워 열매를 맺으니 이 한 권의 책은 나를 투영하는 쌀 한 톨이다.

인(仁)과 더불어 평생 학습에 게으름은 없다는 자부심이 드는 순간, '혼자 알고 나만 건강하고 여유롭게 산다는 것이 얼마나 이기적인가?' 하는 의문에 답답했다. 그즈음 지인의 권유로 유튜브 공간에서 효명작명 강의를 할 수 있는 천명이 내게 왔을 때 나는 사명이라 굳게 믿었다.

사주명식 8글자를 가진 개인 모두에게는 심주(心柱)라는 긍정의 힘이 하나 더 있다. 마음의 주인인 내가 슬기로운 정신, 건강한 신체를 스스로 도울 수 있는 학문. 이것이 명리학이라는 사실과 한자 자원오행(漢字 字源五行), 그리고 훈민정음해례본에 바탕을 둔 올바른 작명법을 대중에게 알려야겠다는 확신이 섰다. 이를 펼칠 수 있는 장터가 순리로 찾아와 한마당 어울림이 될 수 있으니 기쁘고, 감사하다.

여러 구독자님과 여러 벗님들! 효명작명 책을 수레바퀴 삼아 긍정의 힘으로 사주팔자를 끌고 다니길 바란다. 동행(同行)하는 긴 여정에 화이통(和而通)!

추천사 1

『효명 작명』에 부쳐

한국한문교사중앙연수원 교수

대한검정회 이사장

문학박사 이권재

태호복희씨의 서계(書契)로부터 창힐의 문자(文字) 창제 그리고 찬란한 은(殷)나라의 문자(文字)는 대체로 이름으로 지어졌다. 그래서 글자의 다른 이름을 『예기(禮記)』에서 명(名)이라 했던 것이다. 자로(子路)가 위(衛)나라에서 가장 우선적으로 펼쳐야 할 정책을 꼽는다면 무엇이겠느냐고 여쭙자 공자께서 정명(正名) 즉 이름을 바르게 하는 것이라 했다. 그 유명한 군군신신부부자자(君君臣臣父父子子)가 바로 이름대로 살아가도록 하는 큰 가르침이셨던 것이다.

이름은 단순한 것이 아니다. 모든 사물의 이치가 이름에 의해 발현되는 것이다. 아니 이름 이전에 이치가 있지만 이름이 아니면 그 이치를 알아보지 못하는 이가 많기 때문에 하는 말이다. 따라서 이름은 격물(格物)의 근원이다. 이름을 보면 그것이 무엇에 쓰는 물건인지를 안다. 사람에게도 다를 바가 없다. 그 사람의 이름 속에는 그 사람의 삶과 삶의 목표와 삶의 여정이 담겨 있다 해도 과언이 아닐 것이다. 그래서 성명학은 대단히 중요한 의미가 있는 것이다.

보통 작명의 비법을 숨기고 감추어 자신의 독보적 지위와 명성을 구가하려는 것은 인지상정이다. 그러나 효명 선생은 아예 이런 마음을 두지 않았다. 오로지 우리 후예들이 아름다운 이름과 훌륭한 이름을 얻어 그들의 역량을 충분히 발휘하게 하여야 국운의 성취와 겨레의 발전을 이룩할 수 있을 것이라는 염원을 이 책에 담은 것이다. 참으로 훌륭한 마음 씀이 아닌가?

어려운 시기에 『효명작명』을 편찬해주신 효명 선생의 노고에 위로와 축하를 드리며 감히 사계(斯界)에 추천하는 바이다.

임인년 늦은 가을, 홍문관에서

추천사 2

지선(至善)으로 가는 길

한국한문교사 대전연수원 원장

효정 이현나

하늘이 높아지는 늦가을만큼이나 생각이 깊어가는 길목이다. 효명(孝明) 선생님과 사제 간의 연이 된 지 23년이 되었다. 항상 정진하여 일신우일신(日新又日新) 하는 모습이 놀라울 뿐이다. 지선(至善)으로 가는 길을 실천하시니 사표(師表) 됨이 마땅하다.

“한자(漢字)는 우리나라 동이족(東夷族)의 문자이다.”라는 강의 내용에 심취하여 불혹(不惑)에 한자 공부를 시작한 것이 최상의 선택이 되어 오늘의 나를 있게 하였다. 한국한문교사 중앙연수원 산하기관인 대전연수원 설립이 2009년 4월인바, 7년간의 효명 초대 원장 재임 중 놀라운 발전을 거듭하였다. 한자·한문전문지도사 양성에 매진한 결과로 방과 후 학교 강사 및 서당훈장, 그리고 문화원 강사 등 수많은 지도자가 배출되었다. 전국에서 최고의 지방연수원으로 위상을 높여주었다. 바쁜 일정 중에 한문과 명리·작명의 두 길을 가기가 벅차 제2대 연수원 원장으로 본인이 추천되어 효명 원장님이 닦아놓은 그 길을 더욱 밝히고자 진력(盡力)하는 중이다.

생명론(生命論)을 역설(力說)하시는 명리 사주 동영상 강의는 날로 번창하고, 한자 자원오행에 바탕을 둔 작명(作名) 이론은 독보적(獨步的)이다. 명리 사주와 한자 작명의 만남은 후대까지 길이 보전될 가치가 있다고 생각한다.

끝으로 “나는 누구인가?”라는 물음에 대한 화해(和解)와 조화(調和)의 방법을 이 교재를 통하여 찾고, 효명 원장님과 지선(至善)으로 가는 길에 동참하려는 분들에게 삶의 나침반이 되어줄 이 교재를 적극적으로 추천한다.

임인년 늦가을, 연수원에서

자서(自序)

⊙ 지혜 공부

동양사상의 근간은 음양오행인데, 이것을 안다고 하는 것은 지극히 어렵다. 지식 공부가 아니고 지혜 공부이기 때문이다. 지혜를 구하는 학문의 도구에는 좋은 것이 많겠지만, 그중에서도 명리학이 우뚝하다.

⊙ 천지인(天地人)

음과 양 그리고 木·火·土·金·水, 각각의 물(物)이 지닌 격물치지(格物致知)를 찾는 과정 중에 우주의 비밀스러운 부호인 10천간(天干)과 12지지(地支), 곧 하늘과 땅의 변화원리를 알게 되고, 우주의 주인공인 "나"의 정체성 또한 자연스레 찾게 된다. 나를 알고 너를 아는 지혜의 문이 열린다.

⊙ 이름은 세상에서 가장 짧은 주문(呪文)이다.

내가 존재하기 때문에 우주가 존재하는 것이다. 나의 일간(日干)이 木(생명)이 아니더라도 木(생명)이 연월일시 어디에 있든지 木(생명)을 살리는 방향으로 간명(看命)하고 또 작명(作名)하자. 생명론(生命論)을 주창(主唱)하는 이유이다. 명리 사주는 한자의 자원오행(字源五行)을 통한 작명에서만이 그 결과가 선명히 드러나 꽃을 피우고 영구히 전해진다. 고정된 4주8자 명식에 자원오행(字源五行) 한자(漢字)가 추가되어 5주10자로 확대된다. 강력한 수호신장을 품에 안고 평생 지내는 것이다. 좋은 이름은 불려질 때마다 긍정의 힘을 발휘하게 될 것이다. 신묘한 한자(漢字)의 영동력(靈動力)이다. 자학(字學)이 필수이다. 사서(四書)도 중요하다.

⊙ 미풍양속

성인이 된 후에 내 이름을 불러줄 수 있는 사람은 단 세 분뿐이다. 임금과 스승, 그리고 부모뿐이다. 이름이 지닌 존엄성 때문이겠다. 별칭인 아호(雅號)를 가져서 부부간, 친구 간, 그리고 사제 간에 칭하는 것은 멋진 미풍양속이다. 우리 스스로 양질의 삶을 선택하자. 뽐내자. 멋도 내자.

아호는 사주를 조화롭게 이루는 또 하나의 이름이기도 하다.

⊙ 소명(召命)

모든 학문이 사람을 위한 길잡이가 되어야 한다고 전제한다면 명리학 또한 마찬가지이다. 술(術)이 아닌 학문(學問)으로 접근하자. 일반인들이 생각하고 있는 명리에 대한 부정적인 평가를 벗어나, 미래지향적이며 긍정적인 학문으로 승화시키는 것 또한 지도자의 소명이다.

⊙ 차려놓은 밥상에 숟가락만 든다.

편집위원들의 협심(協心)으로 교재가 출간된다. 자발적으로 편집위원이 구성된 지 긴 시간의 산고(産苦) 끝에 교재가 탄생하니, 나한테는 무엇보다 큰 선물이고 축복이다. 이진 조현찬(怡陳 趙晛讚) 회장, 서연 박성혜(棲淵 朴成惠), 가영 이보금(佳榮 李保昑), 원보 최영서(源輔 崔永愲), 교정·교열 하진 이찬희(瑕振 李撰憘) 그리고 김하서(金夏序) 심리상담 해봄 대표께 교재 출간의 영광을 드린다. 또한 도서 출판 밥북 주계수 대표와 임직원분들께도 고맙다는 말씀을 전해 올린다.

壬寅年 晩秋, 해든 창가에서

孝明 崔和福

차 례

1단원 10천간(天干)

2단원 12지지(地支)

3단원 지장간(支藏干) · 육친(六親)

4단원 한자 자원오행(漢字 字源五行)·한난조습(寒暖燥濕)

5단원 오행(五行)의 왕쇠강약(旺衰强弱)·훈민정음해례본

6단원 사주(四柱)와 건강

7단원 용신론(用神論)

8단원 명(命)과 리(理)

9단원 격국론(格局論)

쉼터

희망

到於千里路

則自始一步

천리 길도 한 걸음부터

문학박사 이권재

1단원

10천간(天干)

10天干의 갑골문·금문·소전의 변천 과정을 확실하게 이해하도록 힘쓰자.
기본 중의 기본을 소홀히 하면
노 없이 강물을 건너는 것과 같은 어리석음을 범하기 쉽다.
타임머신을 타고 그 시대로 돌아가 보자.
옛 선인(仙人)들의 절대적 지평(地平)을 탐색할 수 있는 기회를
얻을 수 있을 것이다.

1강 기초 입문하기

학습목표 사주 명리 기본 용어 알아보기

四柱八字(4주8자) : 넉 사, 기둥 주, 여덟 팔, 글자 자

■ 사주팔자 : 인간의 운명을 알아보는 네 가지 요소와 이를 표현하는 여덟 글자

예

丁	丙	己	庚
酉	午	卯	戌
시	일	월	년

* 庚戌年 己卯月 丙午日 丁酉時 生
4개의 기둥(4주)과 여덟 글자(8자)

* 여러분도 만세력 앱으로 나의 사주팔자를 확인해보세요.

天干(천간)과 地支(지지)

▶ **天干(하늘 천, 방패 간)**

天	一 + 大	解 하늘(一) 아래 팔 벌리고 있는 사람(大) 모양 天地人(천지인) = 하늘, 땅, 사람 ⇨ 三才思想(삼재사상)
干 ←	幹	解 幹(줄기 간)의 干만 따서 사용 干(간)이 들어가면 핵심이라는 뜻 = 하늘의 핵심 = 천간

▶ **十干(십간 : 10개의 천간) : 甲乙丙丁戊己庚辛壬癸**

天干(천간)	甲갑	乙을	丙병	丁정	戊무	己기	庚경	辛신	壬임	癸계
五行(오행)	木목		火화		土토		金금		水수	

地支(땅 지, 지탱할 지)

地	土 + 也	解 뱀(也)이 구불구불한 것처럼 땅(土)도 구불구불 펼쳐져 있는 모습
支	枝	解 가지 지(枝)의 支만 따서 사용. 댓가지(十)를 들고 있는 손(又) 어떤 것을 손에 잡고 일을 한다.

▶ **十二支(십이지 : 12개의 지지) : 寅卯辰巳午未申酉戌亥子丑**

地支	寅인	卯묘	辰진	巳사	午오	未미	申신	酉유	戌술	亥해	子자	丑축
월(음)	1월	2월	3월	4월	5월	6월	7월	8월	9월	10월	11월	12월
계절	봄			여름			가을			겨울		
띠	호랑이	토끼	용	뱀	말	양	원숭이	닭	개	돼지	쥐	소

干支(간지)

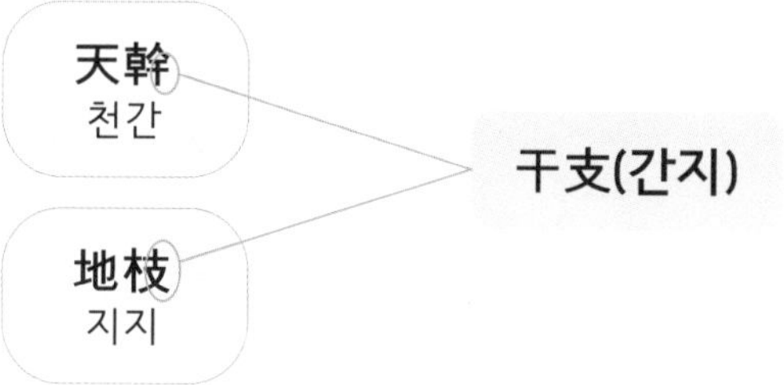

- 十干(십간)과 十二支(십이지)를 조합한 것으로 六十甲子(육십갑자)라고 한다.
- 天干(천간) : 하늘의 근본(幹 : 근본 간 → 干)
- 地支(지지) : 땅이 가지를 이루어 천간과 지지가 서로 호응한다.
- 천간 혼자만으로는 힘을 못 쓴다. 천간과 지지가 서로 호응을 이루어야 한다.

陰陽(음양)

陰(그늘 음)	阝 + 今 + 云	지금(今) 햇살이 구름(云)에 가려 언덕(阝)에 그늘이 졌다.
陽(볕 양)	阝 + 旦 + 勿	아침(旦) 햇살이 반짝이는(勿) 것처럼 언덕(阝)에 햇살이 비친다.

五行(오행)

* 우주 만물을 이루는 다섯 가지 원소 : 水火木金土

五(다섯 오)	二 + X	천지(二) 간에 음과 양이 서로 교차한다. (X : 교차할 오)
行(다닐 행)	彳 + 亍	彳(자축거릴 척) + 亍(자축거릴 촉) : 천천히 걷는 모양

- 만물창조의 순서 → 수화목금토(水火木金土)
- 오행기운의 변화 순서 → 목화토금수(상생) 春, 夏, 長夏, 秋, 冬의 흘러가는 순서

陰陽(음양) 구분

陽(양)	單純	無形	虛	天	日	春夏	木火	男	動	開	上	高
(+)	단순	무형	허	천	일	춘하	목화	남	동	개	상	고
陰(음)	複雜	有形	實	地	月	秋冬	金水	女	靜	閉	下	低
(-)	복잡	유형	실	지	월	추동	금수	녀	정	폐	하	저

陽(양)	淸	無	雄	外	貴	精神	奇數	始	背	汽	水	大丈夫
(+)	청	무	웅	외	귀	정신	홀수	시	등	수증기	물	대장부
陰(음)	濁	有	雌	內	富	肉體	偶數	終	腹	水	氷	拙丈夫
(-)	탁	유	자	내	부	육체	짝수	종	배	물	얼음	졸장부

五行(오행) 정리

1. 水 알아보기

水	색	계절	五常(오상)	시간
	흑색	冬(겨울)	智(지혜 지)	노년기
	수심이 깊은 곳은 흑색이다.	휴식과 저장의 기운	지혜가 있다.	밤 시간

水	河圖(하도)	직업 군	水의 특징
	1, 6	정신세계가 발달	潤下(윤하)
	水	한학, 종교, 역학	윤택하게 아래로 흐른다.

2. 火 알아보기

	색	계절	五常(오상)	시간
火	적색	夏(여름)	禮(예도 례)	청년기
	붉은 적색이다.	성장과 확장의 기운	예의가 있다.	낮 시간
	河圖(하도)	직업 군		火의 특징
	2, 7	밝음을 추구한다.		炎上(염상)
	火	언론, 방송, 홍보, 의약		불꽃을 이루어 위로 타올라 간다.

3. 木 알아보기

	색	계절	五常(오상)	시간
木	녹색	春(봄)	仁(어질 인)	유년기
	나무는 녹색이다.	시작과 생장의 기운	어질다.	아침 시간
	河圖(하도)	직업 군		木의 특징
	3, 8	봄은 시작, 창조이다.		曲直(곡직)
	木	기획, 교육, 디자인, 예술, 창의력		나무는 굽거나, 곧게 자란다.

4. 金 알아보기

	색	계절	五常(오상)	시간
金	흰색	秋(가을)	義(옳을 의)	황혼기
	금은 흰색이다.	결실과 숙살의 기운	의롭다.	저녁 시간
	河圖(하도)	직업군		金의 특징
	4 ,9	현실에 강하다.		從革(종혁)
	金	금속, 기계, 보석, 반도체, 금융, 집도의		金은 모양을 바꾸어서 사용한다. 제련한다.

5. 土 알아보기

	색	계절	五常(오상)	시간
土	황색	長夏(늦여름)	信(믿을 신)	장년기
	土는 황색이다.	中和之氣(중화지기)	신용이 있다.	오후

	河圖(하도)	직업군	土의 특징
土	5, 10	화합과 조정자	稼穡(가색)
	土	건축, 부동산, 변호사, 상담사	심고 거둔다.

太極(태극)과 陰陽五行(음양오행)

■ 空(공) : 무극의 세계, 극이 없다. → 혼돈의 세계

■ 太極(태극) : 空(공)에서 태극이 나옴. 태극 흰 부분→양, 검은 부분→ 음

가벼운 것은 올라가서 양이 되고, 무거운 것은 내려와서 음이 된다.

■ 만물 창조의 순서

- 水(수)가 제일 먼저 나온다.
- 火(화)가 두 번째 나온다.
- 木(목)이 세 번째 나온다.
- 金(금)이 네 번째 나온다.
- 土(토)가 다섯 번째 나온다.

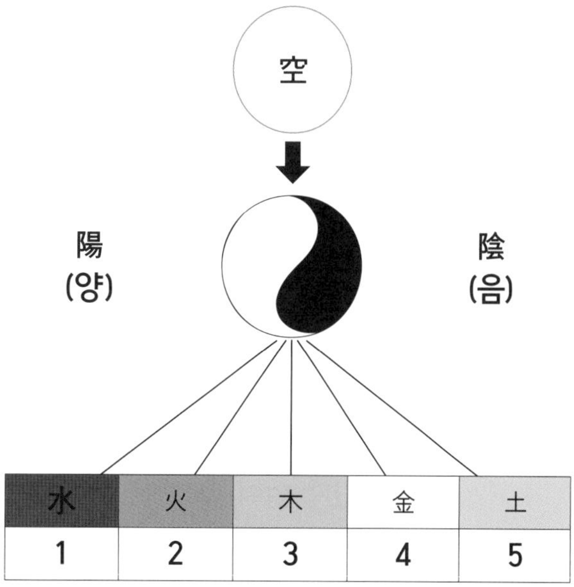

河圖 (하도)

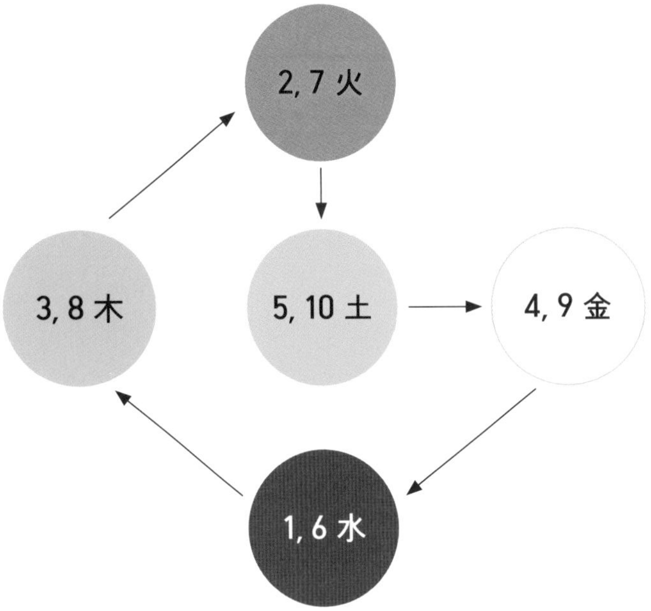

河圖(하도)
1, 6 水
2, 7 火
3, 8 木
4, 9 金
5, 10 土

(1) 水는 아래로 흐른다. 아래로 오는 것이 으뜸이다. 그래서 1이다.

- 潤下(윤택할 윤, 아래 하) : 물이 아래로 흘러 만물을 윤택하게 한다.
- 태아는 엄마 뱃속의 羊水(양수)에서 큰다. 생명체의 으뜸이 水이다.
- 羊水(양수)는 온수가 되어야 한다.

(2) 火는 가벼워서 위로 올라간다. 그래서 2이다.

- 炎上(불꽃 염, 위 상) : 불과 불이 불꽃을 이루어서 위로 올라간다.

(3) 羊水의 온수에서 생명체가 태어난다. 木이 생명체이다. 그래서 3이다.

- 曲直(굽을 곡, 곧을 직) : 을목은 굽고 갑목은 곧게 자란다.

(4) 가을에 열매(金)가 열린다. 열매가 열리는 과정까지 가는 것이 4이다.

- 從革(따를 종, 고칠 혁) : 金이 그대로 있으면 쓸모가 없다. 쓸모 있게 고쳐 쓴다.
- 아이가 엄마 몸속에서 태어난다. 곡식이 자란다. 土속에서 이루어진다.

(5) 土는 심고 거둔다. 곡식은 土속에서 이루어진다. 그래서 5이다.

- 稼穡(심을 가, 거둘 색) : 심고 거둔다.
- 土는 중앙이다. 5가 가운데 들어감으로써
  1+5=6, 2+5=7, 3+5=8, 4+5=9, 5+5=10이 된다.
- 1, 2, 3, 4, 5는 生數(생수)이고 6, 7, 8, 9, 10은 成數(성수)이다.

강의 마무리

10天干 정리

계절	春(봄)		夏(여름)		長夏(늦여름)		秋(가을)		冬(겨울)	
五行	木		火		土		金		水	
天干	甲	乙	丙	丁	戊	己	庚	辛	壬	癸
陰陽	양	음	양	음	양	음	양	음	양	음
암기방법	갑을목		병정화		무기토		경신금		임계수	
	갑목	을목	병화	정화	무토	기토	경금	신금	임수	계수
五常	仁(인)		禮(예)		信(신)		義(의)		智(지)	
5臟	肝(간)		心臟(심장)		脾(비)		肺(폐)		腎臟(신장)	

2강 한자의 변천 과정과 갑목(甲木) 을목(乙木)

학습목표 甲木 乙木에 대한 이해

甲骨文(갑골문)	고대 중국에서 거북의 배딱지나 짐승의 뼈에 새긴 상형 문자
金文(금문)	청동기를 주조할 때 주물 틀에 새겨 넣은 글자로 金文의 金은 고대 청동을 의미한다.
小篆(소전)	진시황이 나라를 통일하면서 진나라에서 사용하던 대전체를 바탕으로 통일한 문자가 소전체이다.

甲木(갑목)

1. 甲 한자의 변천과정

甲骨文(갑골문)　金文(금문)　小篆(소전)

(1) 갑골문

- 설문 : 1(一)에서 시작해서 10(十)에서 완성
- 10천간 : 甲에서 시작하여 癸에서 완성 → 삼라만상이 완성
- 十 완전수 → 동서남북(평면) + 전후 = 입체
- 10(십) = 1 + 0

1	0	
남	여	우주가 존재할 수 있는 근원
천	지	十方세계(시방세계), 十月상달(시월상달)
양	음	십자가, 십진법, 손가락 10, 발가락 10

- 10(열) → 열린다. 세상이 열린다.

(2) 금문

■ 열매의 딱딱한 껍질이 터지는 모양인 十 : 甲乙木의 성숙

(3) 소전

■ 사람 얼굴 모양 → 사람(인의예지신) : 육신을 끌고 다니는 주인공

■ 갑목(十)이 자라는 땅(口) → 목의 중요성 = 생명체 = 생명론

■ 뿌리에서 싹이 터서 씨앗을 위로 밀어 올리는 모습

2. 甲木 개념 정리

甲	갑옷 갑, 첫째 갑, 껍질 갑, 첫째 천간 갑
甲木의 특징	위로 곧게 자란다.
	교목(키 큰 나무) : 느티나무, 참나무, 잣나무, 동량지목, 유실수, 정원수
	봄, Spring(용수철), 뻗는 기운, 생명력, 발전적, 미래 지향적, 추진력, 시작
	우두머리, 리더, 장남, 장녀 → 리더의 기질
陰陽(음양)	陽(양) (+)
甲木	木(나무 목) 예 相(서로 상), 松(소나무 송), 材(재목 재)

乙木(을목)

1. 乙 한자의 변천과정

甲骨文(갑골문) 金文(금문) 小篆(소전)

■ 땅속에서 싹이 나올 때 곧게 나오지 못하고 굽어서 나옴

■ 새의 굽은 앞가슴 모양

2. 乙木 개념 정리

乙	굽을 을, 새 을, 둘째 천간 을
乙木의 특징	굽게 자란다.
	관목(키 작은 나무) : 꽃, 약초, 등나무, 선인장, 칡, 곡식, 열매, 구근류, 온실화, 수초
	봄, Spring(용수철), 뻗는 기운, 생명력, 발전적, 미래 지향적, 추진력, 시작
	곡식, 열매 → 생명체의 근원 → 새 생명 탄생 → 木이 존재 → 우주가 존재
陰陽(음양)	陰(음) (-)
乙木	⺾(풀 초) 예 花(꽃 화), 華(빛날 화)
	禾(벼 화) 예 秀(빼어날 수), 香(향기 향), 和(화목할 화)

木의 이해

木의 기운	曲直(굽을 곡, 곧을 직) : 굽고 곧게 자란다.		
五常(오상)	仁(어질 인) : 어질다, 착하다, 남을 사랑할 줄 안다.		
직업군	섬유, 의류, 종이, 액세서리, 화장품, 서비스업, 디자이너, 예술, 기획, 교육, 문화		
건강	肝(간)	**계절**	春(봄)
방향	東(동쪽)	**하도**	3, 8

강의 마무리

- 木은 오행 중에서 유일한 생명체이다.

천간	木	甲木	양(+)	부수 : 木	교목, 열매
		乙木	음(-)	부수 : ⺾, 禾	관목, 곡식, 약초

3강 병화(丙火) 정화(丁火)와 무토(戊土) 기토(己土)

학습목표 丙火 丁火 / 戊土 己土에 대한 이해

丙火(병화)

1. 丙 한자의 변천과정

甲骨文(갑골문)

金文(금문)

小篆(소전)

- 제단에 불을 밝힌 모양
- 해를 향해 제단에서 제사 지내는 모양
- 토템 신앙에서 가장 많이 숭배
- 삼라만상의 주인공, 생명을 키움
- 만물은 모두 해바라기

2. 丙火 개념 정리

丙	밝을 병, 남녘 병, 셋째 천간 병
丙火의 특징	삼라만상의 주인공, 생명을 키운다, 만물은 모두 해바라기
	밝음, 공명정대, 불의에 단호함, 성장과 확산
	외향적, 명랑, 쾌활, 솔직, 직선적
	화려, 미남미인, 정신세계 추구, 시력
陰陽(음양)	陽(양) (+)
丙火	日(날 일) 예 明(밝을 명), 旴(해 돋을 우), 晉(나아갈 진)

丁火(정화)

1. 丁 한자의 변천과정

甲骨文(갑골문)

金文(금문)

小篆(소전)

■ 무성한 기운 = 혈기 왕성한 장정

■  못 대가리 / 못 기둥] 단단하다, 불의 역할을 다한다.

2. 丁火 개념 정리

丁	무성할 정, 장정 정, 못 정, 고무래 정, 넷째 천간 정
丁火의 특징	열에너지, 지열, 인공열, 촛불, 난방열, 용광로, 온실열, 전등, 등대
	丁 = 情(정)덩어리, 심장이 따뜻함, 감성, 눈물, 상처, 질투
	내 몸을 불태운다. → 자비, 희생, 봉사
	火의 응축 = 돋보기의 초점 열, 감정의 폭발(활화산), 용금성기
	일에 열정적, 정신력 강함
陰陽(음양)	陰(음) (-)
丁火	火(불 화) 예 營(경영할 영), 炷(심지 주), 赫(빛날 혁), 炫(빛날 현)

火의 이해

火의 특징	炎上(염상) : 불꽃을 이루어 위로 올라간다.		
五常(오상)	禮(예도 례) : 예의가 있다.		
직업군	언론, 방송, 홍보, 의약		
건강	心臟(심장), 小腸(소장)	**계절**	夏(여름)
방향	南(남쪽)	**하도**	2 , 7

戊土(무토)

1. 戊 한자의 변천과정

甲骨文(갑골문)

金文(금문)

小篆(소전)

- 큰 도끼를 가지고 있는 모양
- 무성하게 영토를 확장

2. 戊土 개념 정리

戊	무성할 무, 다섯째 천간 무
戊土의 특징	큰 토, 큰 산, 고속도로, 언덕, 고을, 동산, 건토, 표면토
	굳센 의지, 넓은 마음, 큰 공간, 큰 무대
	믿음과 신용이 있다.
	戊土는 건토이다. 건토는 방수, 방풍, 보온, 제습의 역할을 한다.
陰陽(음양)	陽(양) (+)
戊土	山(뫼 산) 예 峻(높을 준)
	阝(阜 언덕 부 : 좌부변) 예 陸(뭍 륙), 陵(높을 준)
	阝(邑 고을 읍 : 우부방) 예 郡(고을 군), 邦(나라 방)
	土(흙 토) 예 奎(문운 맡은 별 규), 圭(영토 규, 홀 규)

己土(기토)

1. 己 한자의 변천과정

甲骨文(갑골문) 金文(금문) 小篆(소전)

■ 척추 모양. 척추는 몸에서 가장 핵심이 되는 곳이다.

2. 己土 개념 정리

己	몸 기, 나 기, 여섯째 천간 기
己土의 특징	농토, 들, 소로, 습토, 이면토
	안정적, 신중, 보수적
	자기 자신을 낮추는 겸손함. 경청, 포용심과 수용성이 높다.
	믿음이 있다.
陰陽(음양)	陰(음) (-)
己土	田(밭 전)
	습토 예 留(머무를 류), 甫(클 보), 周(두루 주), 振(떨칠 진)

土의 이해

土의 특징	稼穡(가색) : 심고 거둔다.		
五常(오상)	信(믿을 신) : 토가 많은 사람은 포용력, 믿음, 신뢰가 있다.		
직업군	건축, 부동산, 변호사, 상담사		
건강	脾(비), 胃(위)	**계절**	長夏(늦여름)
방향	중앙	**하도**	5 , 10

강의 마무리

천간	火	丙火	양(+)	부수 : 日	태양
		丁火	음(-)	부수 : 火, 灬	불

천간	土	戊土	양(+)	부수 : 山, 土, 阝(阜, 邑)	큰 토, 산, 건토
		己土	음(-)	부수 : 田	작은 토, 농토, 습토

4강 경금(庚金) 신금(辛金)

학습목표 庚金 辛金에 대해 이해하기

庚金(경금)

1. 庚 한자의 변천과정

甲骨文(갑골문)

金文(금문)

小篆(소전)

- 손에 쇠붙이 같은 악기를 들고 있는 모습
- 절굿공이와 양손의 합자

2. 庚金 개념 정리

庚	곡식 경, 가을 경, 굳을 경, 별 경, 일곱째 천간 경
	집에서 손에 절굿공이를 들고 곡식을 찧는 모습
庚金의 특징	큰 돌, 큰 쇠, 곡식
	주체성, 독립적
	순수하고 강직, 의리와 소신이 뚜렷함
	원칙을 추구하며 독선적
陰陽(음양)	陽(양) (+)
庚金	金(쇠 금) 예 銀(은 은), 鉉(솥귀 현), 鎬(호경 호)
	石(돌 석) 예 碩(클 석), 硃(주사 주)

辛金(신금)

1. 辛 한자의 변천과정

甲骨文(갑골문)

金文(금문)

小篆(소전)

■ 죄인의 얼굴에 먹물을 들이던 예리한 도구 모양

2. 辛金 개념 정리

辛	매울 신, 혹독할 신, 여덟째 천간 신
	뾰족한 칼날로 죄인의 이마에 刺字(자자)하여 고통스럽다.
辛金의 특징	작은 돌, 작은 쇠, 낫, 칼, 보석, 곡식, 완제품
	자존심이 강함, 예민함, 자기 보호 능력이 강함, 완벽을 추구
	총명, 냉철한 판단력
陰陽(음양)	陰(음) (-)
辛金	玉(구슬 옥) 예 珹(옥이름 성), 珠(구슬 주), 珍(보배 진)

金의 이해

金의 특징	從革(종혁) : 金은 모양을 바꾸어 사용한다.		
五常(오상)	義(옳을 의) : 의롭다.		
직업군	금속, 기계, 보석, 반도체, 금융, 집도의		
건강	肺(폐), 大腸(대장)	**계절**	秋(가을)
방향	西(서쪽)	**하도**	4 , 9

강의 마무리

천간	金	庚金	양(+)	부수 : 金, 石	큰 쇠, 큰 돌, 열매, 곡식
		辛金	음(-)	부수 : 玉	작은 쇠, 작은 돌, 보석, 열매, 곡식

5강 임수(壬水) 계수(癸水)

학습목표 壬水 癸水에 대해 이해하기

壬水(임수)

1. 壬 한자의 변천과정

甲骨文(갑골문) 金文(금문) 小篆(소전)

- 하늘의 뜻이 땅에 내려와 서로 연결
- 하늘과 땅이 양과 음을 만나 잉태했다.

2. 壬水 개념 정리

壬	클 임, 애밸 임, 북방 임, 아홉째 천간 임
壬水의 특징	큰물, 강, 호수, 땅의 물
	성대하다. 생명을 기르는 물
	지혜, 총명
	포용력, 조용하고 차분
陰陽(음양)	陽(양)(+)
壬水	水(물 수) 예 潁(강 이름 영), 永(길 영)
	氵(물 수 변) 예 洹(강 이름 원), 潤(윤택할 윤)
	氺(밑물 수) 예 泰(클 태)

癸水(계수)

1. 癸 한자의 변천과정

甲骨文(갑골문)

金文(금문)

小篆(소전)

- 나무를 교차시켜 태양의 고도를 측정하는 기구
- 하늘(해)이 두 발로 걸어간다.

2. 癸水 개념 정리

癸	헤아릴 계, 열째 천간 계
癸水의 특징	작은 물, 비, 구름, 이슬, 안개, 서리, 눈, 하늘 물
	다정, 온화, 섬세
	현실적, 실리 추구
	환경 적응력이 뛰어남. 감정이 풍부
陰陽(음양)	陰(음) (-)
癸水	예 露(이슬 로), 霧(안개 무), 霜(서리 상), 雨(비 우), 雲(구름 운)

水의 이해

水의 특징	潤下(윤하) : 윤택하게 하고 아래로 흐른다.		
五常(오상)	智(지혜 지) : 지혜가 있다.		
직업군	한학, 종교, 역학		
건강	腎臟(신장), 膀胱(방광)	**계절**	冬(겨울)
방향	北(북쪽)	**하도**	1 , 6

강의 마무리

천간	水	壬水	양(+)	부수 : 水, 氵, 氺	큰물, 땅의 물
		癸水	음(-)	부수 : 雨	작은 물, 하늘의 물

쉼터

정진

湯之般銘에 曰

苟日新이어든

日日新하고

又日新이니라

탕 임금의 반명에 이르기를

진실로 어느 날 새로울 수 있다면

날마다 날마다 새롭게 하고

또 날마다 새롭게 하라

出典 : 大學

2단원

12지지(地支)

12地支의 갑골문·금문·소전의 변천 과정과 필순 알기는
10天干과 함께 핵심이 된다.
천간과 지지의 현묘(玄妙)한 호응(呼應) 관계는
음양의 이치로 자연에서 한 치도 어긋남 없이 수시로 변역(變易)하는 것이다.
이러한 환경 속에 사는 사람 역시 천지(天地)와 동체(同體)이다.
그러므로 명리(命理)의 기초학습인 干支22 글자의 뿌리를 찾고
응용의 해법을 익히는데 정진하자.

6강 봄 여름의 지지(地支)

학습목표 봄 여름의 지지 알아보고 이해하기

春(봄)			夏(여름)		
1월	2월	3월	4월	5월	6월
寅(인)	卯(묘)	辰(진)	巳(사)	午(오)	未(미)
호랑이	토끼	용	뱀	말	양

봄의 地支 : 寅卯辰 알아보기

1. 寅木(인목)

(1) 寅 한자의 변천과정

甲骨文(갑골문) 金文(금문) 小篆(소전)

- 손에 활을 들고 화살을 쏘는 모습(갑골문, 금문)
- 집안에서 두 손으로 어른을 받들고 공경하는 모습(소전)

(2) 寅木 개념 정리

寅	동방 인, 범 인, 공경할 인, 넓을 인, 셋째 지지 인		
	봄에 새싹이 온 천지에 돋아날 때 그 범위가 넓다.		
	호랑이의 활동 무대도 넓다.		
월(음)/생시(生時)	1월/03:30~05:30	**오행**	木, 甲寅木
陰陽(음양)	陽(양) (+)	**계절**	春(봄)

2. 卯木(묘목)

(1) 卯 한자의 변천과정

甲骨文(갑골문) 金文(금문) 小篆(소전)

- 따뜻한 기운이 집안으로 들어와 닫혀있던 대문을 활짝 연다.
- 卯月에는 초목이 무성해진다.

(2) 卯木 개념 정리

卯	무성할 묘, 2월 묘, 문 열 묘, 토끼 묘, 넷째 지지 묘		
	따뜻한 기운이 무성해진다.		
	토끼는 다산의 상징		
월(음)/생시(生時)	2월/05:30~07:30	**오행**	木, 乙卯木
陰陽(음양)	陰(음) (-)	**계절**	春(봄)

3. 辰土(진토)

(1) 辰 한자의 변천과정

甲骨文(갑골문) 金文(금문) 小篆(소전)

- 조개가 속살을 드러내고 움직이는 모습
- 농사와 관계가 깊다.
- 3월은 습토이며 沃土(옥토)이다.

(2) 辰土 개념 정리

辰	조개껍데기 진, 별 진, 삼월 진, 용 진, 날 신, 다섯째 지지 진		
	3월은 조개가 속살을 내밀고 움직이는 때이다.		
	하늘에 전갈자리가 보인다.		
월(음)/생시(生時)	3월/7:30~09:30	**오행**	土, 戊辰土
陰陽(음양)	陽(양) (+)	**계절**	春(봄)

여름의 地支 : 巳午未 알아보기

1. 巳火(사화)

(1) 巳 한자의 변천과정

甲骨文(갑골문) 金文(금문) 小篆(소전)

- 모태에서 자라는 태아의 모습
- 뱀이 똬리를 틀고 머리를 치켜세우고 있는 모습

(2) 巳火 개념 정리

巳	자식 사, 사월 사, 뱀 사, 여섯째 지지 사		
	집안의 자식은 해와 같다.		
	뱀은 4월에 나온다.		
월(음)/생시(生時)	4월/09:30~11:30	**오행**	火, 丙巳火
陰陽(음양)	陽 (양) (+)	**계절**	夏(여름)

2. 午火(오화)

(1) 午 한자의 변천과정

甲骨文(갑골문) 金文(금문) 小篆(소전)

- 해시계의 바늘 모양
- 杵(절굿공이 저)에서 木이 빠지고 午가 됨.

(2) 午火 개념 정리

午	낮 오, 오월 오, 말 오, 일곱째 지지 오		
	음기를 밀어 올리는 때가 5월이고 午時(오시)이다.		
	양기가 강해서 말로 가차 됨.		
월(음)/생시(生時)	5월/11:30~13:30	**오행**	火, 丁午火
陰陽(음양)	陰(음) (-)	**계절**	夏(여름)

3. 未土(미토)

(1) 未 한자의 변천과정

甲骨文(갑골문) 金文(금문) 小篆(소전)

- 가지와 잎이 무성하다.
- 살찐 양이 쓸모가 많고 제단에 바쳐진다.

(2) 未土 개념 정리

未	무성할 미, 아닐 미, 양 미, 여덟째 지지 미		
	未월에는 아직 열매가 익지 않았다.		
	양의 털이 무성하다.		
월(음)/생시(生時)	6월/13:30~15:30	**오행**	土, 己未土
陰陽(음양)	陰 (음) (-)	**계절**	夏(여름)

강의 마무리

지지	寅木	동방 인, 범 인	1월	양(+)	봄
	卯木	무성할 묘, 토끼 묘	2월	음(-)	
	辰土	별 진, 용 진	3월	양(+)	
	巳火	자식 사, 뱀 사	4월	양(+)	여름
	午火	낮 오, 말 오	5월	음(-)	
	未土	무성할 미, 양 미	6월	음(-)	

7강 가을 겨울의 지지(地支)

학습목표 가을 겨울의 지지 알아보고 이해하기

秋(가을)			冬(겨울)		
7월	8월	9월	10월	11월	12월
申(신)	酉(유)	戌(술)	亥(해)	子(자)	丑(축)
원숭이	닭	개	돼지	쥐	소

가을의 地支 : 申酉戌 알아보기

1. 申金(신금)

(1) 申 한자의 변천 과정

甲骨文(갑골문)　　金文(금문)　　小篆(소전)

- 번개가 치는 모양(갑골문, 금문)
- 申月은 곡식이 딱딱하게 익을 때이다.

(2) 申金 개념 정리

申	번개 신, 펼 신, 원숭이 신, 아홉째 지지 신		
	번개가 치면 엄청난 양의 질소 비료를 땅이 받는다.		
월(음)/생시(生時)	7월/15:30~17:30	**오행**	金, 庚申金
陰陽(음양)	陽(양) (+)	**계절**	秋(가을)

2. 酉金(유금)

(1) 酉 한자의 변천과정

甲骨文(갑골문) 金文(금문) 小篆(소전)

- 술 담그는 그릇, 술동이 모양
- 잘 익은 곡식으로 술을 담근다.

(2) 酉金 개념 정리

酉	술동이 유, 닭 유, 열째 지지 유		
	술은 酉時(유시)에 먹어야 한다.		
월(음)/생시(生時)	8월/17:30~19:30	**오행**	金, 辛酉金
陰陽(음양)	陰(음) (-)	**계절**	秋(가을)

3. 戌土(술토)

(1) 戌 한자의 변천과정

甲骨文(갑골문) 金文(금문) 小篆(소전)

- 도끼 모양
- 무기를 들고 전쟁을 일으켜 영토 확장
- 戌月이 되면 초목이 성장을 멈춘다.

(2) 戌土 개념 정리

戌	때려 부술 술, 개 술, 열한째 지지 술		
	하나도 남김없이 때려 부순다.		
	9월에는 나무순, 물관 체관이 막힌다. 개가 무성하게 짖는다.		
월(음)/생시(生時)	9월/19:30~21:30	**오행**	土, 戊戌土
陰陽(음양)	陽(양) (+)	**계절**	秋(가을)

겨울의 地支 : 亥子丑 알아보기

1. 亥水(해수)

(1) 亥 한자의 변천과정

甲骨文(갑골문)　　金文(금문)　　小篆(소전)

- 풀뿌리가 땅에서 자라는 모습
- 배가 불룩한 임신부의 모양(소전)

(2) 亥水 개념 정리

亥	풀뿌리 해, 돼지 해, 열둘째 지지 해		
	亥水는 온수이다. 亥水는 태아가 자라는 羊水이다.		
	총명, 맑고 넓은 관계 유지		
월(음)/생시(生時)	10월/21:30~23:30	**오행**	水, 壬亥水
陰陽(음양)	陽(양) (+)	**계절**	冬(겨울)

2. 子水(자수)

(1) 子 한자의 변천과정

甲骨文(갑골문)　　金文(금문)　　小篆(소전)

- 정수리(囟 : 정수리 신)와 움직이는 다리(儿) 모양
- 강보에 싸인 아이의 모습

(2) 子水 개념 정리

<table>
<tr><td rowspan="3">子</td><td colspan="3">아들 자, 성인 자, 쥐 자, 첫째 지지 자</td></tr>
<tr><td colspan="3">쥐는 밤에 활동을 많이 하고, 다산한다.</td></tr>
<tr><td colspan="3">子水는 냉수이다.</td></tr>
<tr><td>월(음)/생시(生時)</td><td>11월/23:30~01:30</td><td>오행</td><td>水, 癸子水</td></tr>
<tr><td>陰陽(음양)</td><td>陰(음) (-)</td><td>계절</td><td>冬(겨울)</td></tr>
</table>

3. 丑土(축토)

(1) 丑 한자의 변천과정

甲骨文(갑골문)　　金文(금문)　　小篆(소전)

- 손에 코뚜레를 잡은 모양
- 12월 습토, 凍土(동토), 찌꺼기 토

(2) 丑土 개념 정리

丑	소 축, 둘째 지지 축		
	부지런하다. 꾸준하다.		
	소처럼 고집이 세다.		
월(음)/생시(生時)	12월/01:30~03:30	**오행**	土, 己丑土
陰陽(음양)	陰(음) (-)	**계절**	冬(겨울)

강의 마무리

지지	申金	펼 신, 원숭이 신	7월	양(+)	가을
	酉金	술동이 유, 닭 유	8월	음(-)	
	戌土	때려 부술 술, 개 술	9월	양(+)	
	亥水	풀뿌리 해, 돼지 해	10월	양(+)	겨울
	子水	아들 자, 쥐 자	11월	음(-)	
	丑土	소 축	12월	음(-)	

8강 천간(天干)과 지지(地支) 필순 바로 알기

학습목표 필순 알아보고 연습해 보기

천간과 지지의 필순은 명리 공부의 기본이다. 8강에서는 흘림체를 잘 쓸 수 있는 필순을 소개한다. 이 필순을 따르면 빠르고 예쁘게 쓰게 된다.

天干 : 甲乙丙丁戊己庚辛壬癸

戊	戊		
己	己		
庚	庚		
辛	辛		
壬	壬		
癸	癸		

地支 : 寅卯辰巳午未申酉戌亥子丑

寅	寅		
卯	卯		
辰	辰		
巳	巳		
午	午		
未	未		

申	申		
酉	酉		
戌	戌		
亥	亥		
子	子		
丑	丑		

9강 오행(五行)의 상생(相生)과 상극(相克)

학습목표 오행의 상생과 상극에 대해 알아보기

相生(상생)과 相克(상극) 한자 변천 과정

1. 相 한자의 변천 과정

甲骨文(갑골문) 金文(금문) 小篆(소전)

■ 相(서로 상, 살필 상) = 木(나무 목) + 目(눈 목) 解 나무를 살펴보고 있는 모양

2. 生 한자의 변천 과정

甲骨文(갑골문) 金文(금문) 小篆(소전)

■ 生(날 생, 살 생) = 屮(싹날 철) + 土(흙 토) 解 땅에서 싹이 돋아난다.

3. 克 한자의 변천 과정

甲骨文(갑골문) 金文(금문) 小篆(소전)

■ 克(이길 극) : 머리에는 투구, 손에는 창을 들고 있는 사람의 모습

→ 완전히 무장한 사람이 전쟁에서 이긴다.

오행의 相生(상생)

1. 生(생)

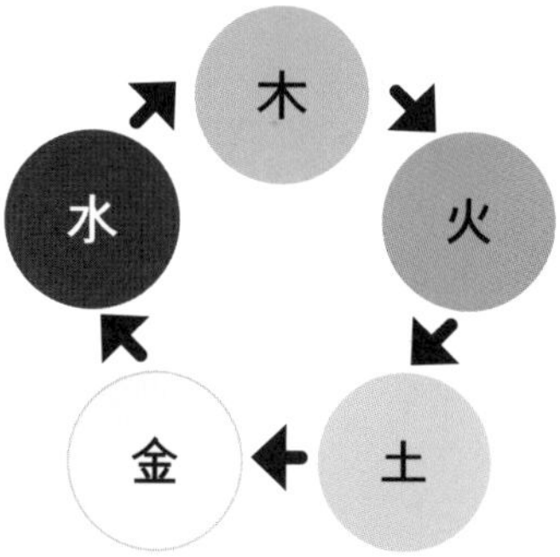

水生木(수생목)	물이 나무를 자라게 한다.
木生火(목생화)	나무가 불에 탄다.
火生土(화생토)	火氣가 땅에 흡수되어 지열이 생긴다.
土生金(토생금)	지열의 기운으로 곡식, 열매가 익는다. 흙이 굳어진 퇴적암
金生水(금생수)	바위에서 물이 나온다. 열매에서 기름을 짠다.

2. 逆生(역생)

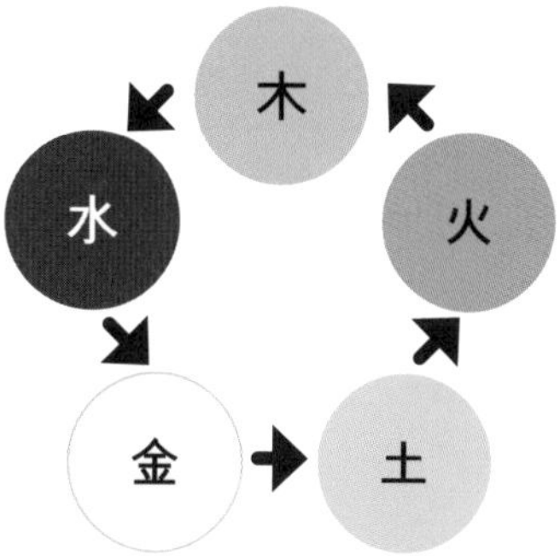

木生水(목생수)	나무뿌리에서 저장된 물이 나온다.
水生金(수생금)	水가 금을 빛나게 한다.
金生土(금생토)	土는 金氣가 있어야 土의 역할을 할 수 있다.
土生火(토생화)	土는 火를 받아들여 지열로 초목을 키운다.
火生木(화생목)	태양이 초목을 키운다.

오행의 相克(상극)

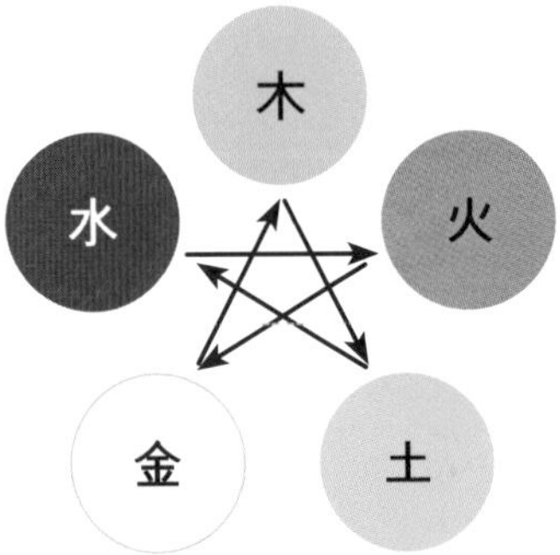

1. 克(극)

木克土(목극토)	나무가 땅에 뿌리를 박고 산다.
土克水(토극수)	흙으로 제방을 쌓아 물을 막는다. 물길을 낸다.
水克火(수극화)	물이 불을 끈다.
火克金(화극금)	불이 쇠를 녹인다.
金克木(금극목)	쇠도끼가 나무를 자른다.

2. 克(극)의 다른 경우

木克土(목극토)	나무가 땅에 적당히 있으면 좋다.
土克水(토극수)	건토로 제방을 쌓고 수로를 낸다.
水克火(수극화)	癸水가 丁火의 강한 火氣를 극한다.
火克金(화극금)	丁火로 庚金을 녹여 기물을 만든다. (용금성기)
金克木(금극목)	庚金으로 왕성한 木氣를 극한다.

강의 마무리

- 相生(상생)만 있는 것이 아니라 逆生(역생)도 있다.
- 상생과 상극은 균형과 조화 속에서만 이루어진다.
- 사주 명리는 조화를 살펴보는 것이다.

10강 28宿(수) 별자리와 천간합(天干合)

학습목표 28수와 천간합에 대해 알아보기

28宿(수) 알아보기

- 하늘의 적도를 따라 남북에 있는 별들을 28개 구획으로 구분한 별자리
- 28수는 편의상 7개씩 묶어 4개의 7宿(수)로 구별하여 각각 동서남북을 나타낸다.

東方七宿	角	亢	氐	房	心	尾	箕
청룡(青龍)	별 이름 각	높을 항	밑 저	방 방	별 이름 심	꼬리 미	키 기
北方七宿	斗	牛	女	虛	危	室	壁
현무(玄武)	북두성 두	견우성 우	별 이름 녀	빌 허	위태할 위	집 실	벽 벽
西方七宿	奎	婁	胃	昴	畢	觜	參
백호(白虎)	별 규	거듭 루	밥통 위	별 이름 묘	마칠 필	털뿔 자	석 삼
南方七宿	井	鬼	柳	星	張	翼	軫
주작(朱雀)	우물 정	별 이름 귀	버들 류	별 성	베풀 장	날개 익	수레 뒤턱나무 진

동방칠수 청룡 : 동방에 위치한 일곱 별자리 (봄) → 각항저방심미기

북방칠수 현무 : 북방에 위치한 일곱 별자리 (겨울) → 두우녀허위실벽

서방칠수 백호 : 서방에 위치한 일곱 별자리 (가을) → 규루위묘필자삼

남방칠수 주작 : 남방에 위치한 일곱 별자리 (여름) → 정귀류성장익진

天干合(五運) 개념 이해

- 五運(다섯 오, 움직일 운) : 천간이 합을 해서 새롭게 탄생한 5개의 새로운 오행
- 천간합이라고 하는 것은 부부가 정이 있어 합해지는 것처럼
  천간의 음(-)과 양(+)이 서로 합하는 것이다.
- 음(-)과 음(-), 양(+)과 양(+)은 합하지 않는다.
- 하늘에서 별자리들이 움직이면서 합을 하여 색깔이 변한다.

五運(오운)이 되는 과정

- 甲己合化土(갑기합화토) – 황색
  - 甲木(+)과 己土(-)가 합을 하면 새롭게 탄생한 오행인 土가 된다.
- 乙庚合化金 (을경합화금) – 백색
  - 乙木(-)과 庚金(+)이 합을 하면 새롭게 탄생한 오행인 金이 된다.
- 丙辛合化水 (병신합화수) – 흑색
  - 丙火(+)과 辛金(-)이 합을 하면 새롭게 탄생한 오행인 水이 된다.
- 丁壬合化木 (정임합화목) – 청색
  - 丁火(-)와 壬水(+)가 합을 하면 새롭게 탄생한 오행인 木이 된다.
- 戊癸合化火 (무계합화화) – 적색
  - 戊土(+)와 癸水(-)가 합을 하면 새롭게 탄생한 오행인 火가 된다.

강의 마무리

천간의 甲木과 己土가 만나다.	새롭게 탄생된 오행은 土이다.	土는 황색이다.
천간의 乙木과 庚金이 만나다.	새롭게 탄생된 오행은 金이다.	金은 백색이다.
천간의 丙火와 辛金이 만나다.	새롭게 탄생된 오행은 水이다.	水는 흑색이다.
천간의 丁火와 壬水가 만나다.	새롭게 탄생된 오행은 木이다.	木은 청색이다.
천간의 戊土와 癸水가 만나다.	새롭게 탄생된 오행은 火이다.	火는 적색이다.

60 갑자

甲子	乙丑	丙寅	丁卯	戊辰	己巳	庚午	辛未	壬申	癸酉
甲戌	乙亥	丙子	丁丑	戊寅	己卯	庚辰	辛巳	壬午	癸未
甲申	乙酉	丙戌	丁亥	戊子	己丑	庚寅	辛卯	壬辰	癸巳
甲午	乙未	丙申	丁酉	戊戌	己亥	庚子	辛丑	壬寅	癸卯
甲辰	乙巳	丙午	丁未	戊申	己酉	庚戌	辛亥	壬子	癸丑
甲寅	乙卯	丙辰	丁巳	戊午	己未	庚申	辛酉	壬戌	癸亥

공개특강 1 이것만 알아도 사주 보기가 쉬워진다

학습목표 기초 명리 알아보고, 내 사주 내가 보기

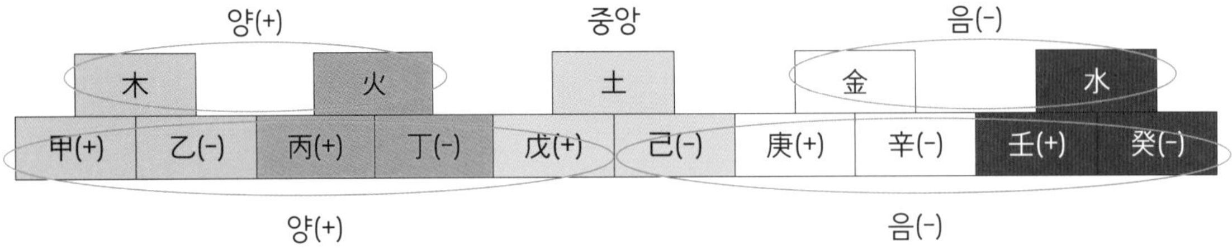

五行(오행) 이해하기

우주 만물을 이루는 다섯 가지 원소를 五行(오행)이라 하며, 오행은 목화토금수이다.

- 木(나무 목), 火(불 화), 土(흙 토), 金(쇠 금), 水(물 수)
- 木(목)과 火(화)는 양(+), 金(금)과 水(수)는 음(-), 土(토)는 중앙이다.

天干(천간) 이해하기

- 天干 : 하늘의 기운
- 십천간(十天干) : 甲乙丙丁戊己庚辛壬癸
- 甲木 乙木 / 丙火 丁火 / 戊土 己土 / 庚金 辛金 / 壬水 癸水
- 양(+)에서 음양으로 나누어지고, 음(-)에서도 음양으로 나누어진다.

1. 五陽干(오양간)

甲, 丙, 戊, 庚, 壬 → 크고 단순하다.

2. 五陰干(오음간)

乙, 丁, 己, 辛, 癸 → 작고 복잡하다.

3. 적용되는 부수 알아보고 이해하기

천간	甲	乙	丙	丁	戊	己	庚	辛	壬	癸
부수	木	艹, 禾	日	火, 灬	山, 土, 阝, 口	田	金, 石	玉	水, 氵	雨
음양	양	음	양	음	양	음	양	음	양	음
의미	교목, 큰 나무, 열매	관목, 곡식, 꽃, 약초	태양, 빛에너지	지열, 인공 열, 열에너지	큰 토, 산, 건토, 대로, 큰 무대	농토, 습토, 소로	큰 돌, 큰 쇠, 곡식	작은 돌, 보석, 칼, 낫, 곡식	큰물, 땅의 물, 강, 호수	작은 물, 하늘의 물, 비

地支(지지) 이해하기

春 봄			夏 여름			秋 가을			冬 겨울		
1월	2월	3월	4월	5월	6월	7월	8월	9월	10월	11월	12월
寅	卯	辰	巳	午	未	申	酉	戌	亥	子	丑
木	木	濕土	火	火	乾土	金	金	乾土	水	水	濕土
인목	묘목	진토	사화	오화	미토	신금	유금	술토	해수	자수	축토

- 地支 : 땅의 기운
- 12地支 : 寅卯辰巳午未申酉戌亥子丑
- 木 2개, 火 2개, 金 2개, 水 2개, 土 4개로 土가 많다.
- 천간에서는 土가 중앙에 있지만 지지에서는 土가 환절기(각 계절의 끝 달)에 있다.
- 子로 시작하는 '자축인묘진사오미신유술해'는 시간을 중심으로 한 것이다.
- 寅으로 시작하는 '인묘진사오미신유술해자축'은 月(계절)을 중심으로 한 것이다.

1. 辰戌丑未(진술축미) 특징

(1) 각 계절의 끝 달은 모두 土月이다.

계 절	월	土	습/건	지장간	특 징
봄의 끝 달 환절기	3월	辰土	습토	乙癸戊	지장간 癸水가 있어 습토이다.
					辰土는 옥토(기름진 땅)이다.
					봄에 싹이 잘 크려면 습토가 되어야 한다.
					봄, 여름 생이 辰土가 있으면 길하다.
여름의 끝 달 환절기	6월	未土	건토	丁乙己	지장간에 丁火가 있고 6월이라 건토이다.
					未土는 열토이며, 사막토이다.
가을의 끝 달 환절기	9월	戌土	건토	辛丁戊	지장간 丁火가 있어 건토이다.
					가을에 수확하려면 건토가 되어야 한다. 논에 있는 물도 빼야 한다.
					戌土는 가을, 겨울생에게 있으면 좋다.
겨울의 끝 달 환절기	12월	丑土	습토	癸辛己	언 땅이다. 얼어 있어 습토이다.

(2) 습토 특징

- 濕土(젖을 습, 흙 토) : 축축한 땅
- 3월 辰土, 12월 丑土는 습토이다.
- 습토에 火氣가 설기된다.
- 火가 많거나 여름생 사주에 습토가 있으면 길하다.
- 습토 속에는 癸水가 있다.

(3) 건토 특징

- 乾土(마를 건, 흙 토) : 마른 땅
- 6월 未土, 9월 戌土는 건토이다.
- 戊戌土는 물을 막아준다. 물길을 만든다. 방수, 방풍, 보온, 제습 역할을 한다.
- 水가 많거나 겨울생 사주에 건토가 있으면 길하다.
- 건토 속에는 丁火가 있다.

(4) 진술축미의 중요성

- 진술축미는 환절기마다 있는 土이다.
- 건토와 습토가 사주에 큰 변화를 준다.
- 진술축미를 잘 살펴보는 것이 중요하다.
- 건토와 습토는 한난조습(水, 火)을 주관한다.
- 진술축미를 잘 이해하면 명식을 판단하는 지름길이 된다.

調候(조후) 이해하기

調(고를 조), 候(기후 후) : 날씨(기후, 계절)가 조화롭게 되었는지 살펴본다.

1. 조후는 寒暖燥濕(한난조습)이다.

- 寒(찰 한) : 金, 水가 많을 때 寒(한) 사주이다.
- 暖(따뜻할 난) : 水, 火가 조화되었을 때 "사주가 중화 되었다."라고 한다.
- 燥(마를 조) : 火가 많고 건토(戊土, 未土, 戌土)가 있을 때 조열사주이다.
- 濕(젖을 습) : 습토(己土, 辰土, 丑土) 가 있을 때 濕(습)사주이다.

2. 寒濕(한습)은 水의 문제이고, 暖燥(난조)는 火의 문제이다.

- 조후는 水와 火로 크게 나눈다.
- 사주는 자연에 가깝게 접근하는 것이 바람직하다.

3. 火에 대한 부수 구분

- 丙 = 태양 = 日(날 일) → 丙火는 태양이며 부수로는 日이다.
- 丁 = 불 = 火(불 화), 灬(불 화 발) → 丁火는 불이며 부수로는 火, 灬이다.

자연은 대우주 인체는 소우주(天 = 地 = 人)

- 학어집 : 조선 후기 어린이들이 쉽게 읽고 그 뜻을 이해할 수 있도록 한 초학 교재
- 元亨利貞(으뜸 원, 형통할 형, 이로울 리, 곧을 정) : 하늘이 갖추고 있는 4가지 덕

1. 天(하늘) = 人(사람)

〈학어집〉

天有四德(천유사덕)하니 元亨利貞(원형이정)이요

(하늘에는 4덕이 있으니 원형이정이요)

天有四時(천유사시)하니 春夏秋冬(춘하추동)이라

(하늘에는 4시가 있으니 춘하추동이라)

天(하늘)	:	원형이정(4德)	춘하추동(4時)
		↓	↓
人(사람)	:	인의예지신	희로애락

하늘의 기운을 사람이 받으면 → 父精 (부정)

하늘의 四德(원형이정)을 사람이 받으면 仁義禮智(인의예지)가 되고

하늘의 四時(춘하추동)를 사람이 받으면 喜怒哀樂(희로애락)이 된다.

인의예지 → 本性(본성)

희로애락 → 感情(감정)

性情(성정) : 사람은 각자 고유의 성정이 있다.

2. 地(땅) = 人(사람)

〈학어집〉

地有四方(지유사방)하니 東西南北(동서남북)이요

(땅에는 사방이 있으니 동서남북이요)

地有五行(지유오행)하니 水火木金土(수화목금토)라

(땅에는 오행이 있으니 수화목금토라)

地(땅)	:	동서남북(4方)	목화토금수(五行)
		↓	↓
人(사람)	:	전후좌우	간심비폐신

땅의 기운을 사람이 받으면 → 母血(모혈)

땅의 四方(동서남북)을 사람이 받으면 前後左右(전후좌우)가 되고

땅의 五行(목화토금수)을 사람이 받으면 肝心脾肺腎(간심비폐신)이 된다.

처음 명리 공부를 시작하는 분들에게 부탁하는 글

- 자연은 대우주, 인체는 소우주임을 설명한 것은
  사주를 자연에서 살펴보아야 한다는 점을 강조하기 위함이다.
- 사주를 공부할 때는 먼저 오행으로 보는 것이 좋다. (오행 → 목화토금수)
- 큰 틀을 세우는 것이 중요하다. 큰 틀은 조후다.
- 효명작명은 物象論(물상론)으로 강의하며, 物象論(물상론)은 오행을 기반으로 한다.

왕 초보가 사주를 빨리 보는 방법

- 오행, 천간, 지지 글자들의 특징과 뜻을 잘 알고 이해해야 한다.
  - 천간, 지지는 먼저 그 한자의 뜻을 이해하는 것이 매우 중요하다.
  - 갑골문, 금문, 소전체를 통해서 한자의 근원을 파악해야 한다.
- 辰戌丑未(진술축미)만 잘 알아도 사주 보기가 한결 쉽다.
  - 습토와 건토에 대해 정확하게 알면 이해가 빠르다.
  - 습토는 辰土, 丑土이다. 건토는 戌土, 未土이다.
  - 오행의 길흉을 판단하는 지름길이 된다.

내 사주 내가 보기 (예시 참고)

1. 봄生인가요? 寅卯辰(음1월, 2월, 3월)

	일간		
丙	甲	◎	◎
寅	辰	卯	◎
시	일	월	년

卯月(음.2월)에 甲木 일간

- 봄 생이 火가 있으면 길하다. 丙火가 일등이다.
- 옥토인 辰土가 있으면 싹이 뿌리를 잘 내린다.
- 봄에는 많은 물이 필요하지 않다. 辰中 癸水만으로도 충분하다.
- 못자리 물 정도면 무난하다. * 辰지장간 : 乙癸戊
- 金은 흉이다. 봄의 새싹을 자른다. (금극목)

＊ 봄(寅卯辰)에는 丙火가 으뜸이요, 金이 없어야 길하다.

2. 여름生인가요? 巳午未(음4월, 5월, 6월)

	일간		
甲	壬	◎	◎
辰	子	未	◎
시	일	월	년

未月(음.6월)에 壬水 일간

- 여름 생이 가장 필요한 오행은 水이다.
- 未月(음6월)생이다. 여름의 환절기인 건조한 땅에서 태어났다.
- 未土는 건토이다. 水가 있으면 길하다.
- 巳午未월(4월, 5월, 6월)생은 습토가 있으면 길하다.
- 습토는 己土, 辰土, 丑土이다. 습토는 火氣를 흡수한다.

＊ 여름 생은 水와 습토가 있으면 길하다.

3. 가을生인가요? 申酉戌(음7월, 8월, 9월)

	일간		
乙	丙	辛	◎
未	午	酉	◎
시	일	월	년

酉月(음.8월)에 丙火 일간

- 가을 생이 가장 필요한 오행은 火이다.
- 천간과 지지에 金氣가 강하다면 火가 필요하다. 화극금으로 金을 제압한다.
- 가을에는 곡식이 태양(丙火)을 보고 익는다. 금화교역(金火交易)
- 金(곡식)은 불 속에서 완성된다. (화극금)
- 조후로도 火가 필요하다.
- 金氣가 강하면 木이 상처를 입는다.
- 金木相爭(금목상쟁) : 金과 木이 서로 싸운다. 이때 水가 통관용신(通關用神)이다.

＊ 가을 생이 木이 있으면 火와 水가 길이다.

4. 겨울生 인가요? 亥子丑(음10월, 11월, 12월)

	일간		
戊	戊	壬	◎
午	戌	子	◎
시	일	월	년

子月(음.11월)에 戊土 일간

- 겨울 생이 가장 필요한 오행은 火와 건토이다.
- 건토(戊, 戌, 未)는 방수, 방풍, 방한 그리고 제습하는 일등 공신이다.
- 겨울은 火보다 건토가 우선이다.
- 습토는 흉이다. 火氣를 흡수하기 때문이다.
- 水가 병이 되었을 때 약신이 되는 건토가 우선이고 그다음이 火이다.
- 金은 금생수로 水만 많게 하니 흉이 된다.

＊ 겨울 생의 이름이나 아호에는 건토와 火가 들어간 자원오행으로 작명이나 작호하는 경우가 많다.

> ㉔ **佳營(가영)**
> * 佳(아름다울 가) = 人(사람 인) + 圭(홀 규) → 戊土
> * 營(경영할 영) = 熒(밝을 형) + 宮(집 궁) → 丁火

자원오행으로 작명하기

* 字源五行(자원오행) : **한자의 부수 또는 글자가 내포하고 있는 의미에 따라 오행을 구분**

- 자원오행, 즉 한자가 가지고 있는 본 바탕의 뜻을 최우선으로 한다.
- 부족한 에너지는 채워 주고, 넘치는 에너지는 빼주는 작명을 한다.
  - 봄 생이 火가 부족하면 丙火가 필요하다. 조후용신
  - 여름 생이 火가 많으면 火氣를 빼주는 습토를 넣는다. 설기한다.
  - 가을 생이 金氣가 강하면 金을 제압하는 火를 넣는다. 억부용신
  - 겨울 생이 물이 많으면 물을 막아주는 건토를 넣는다. 戊土 약신

- 작명할 때는 필요한 한자 자원오행을 꼭 넣어야 한다.
- 한자 자원오행을 쓸 줄 아는 작명이 되도록 명리와 한자 공부를 꾸준히 해야 한다.

사주 명식 구조 이해하기

	일간		
甲	丁	己	辛
辰	亥	亥	未
시	일	월	년

* 辛未年 己亥月 丁亥日 甲辰時 生
* 丁火 일간

1. 어떤 오행이 얼마나 있나 알아보기

木 : 1개	火 : 1개	土 : 3개	金 : 1개	水 : 2개
甲	丁	己, 辰, 未	辛	亥

2. 음(−), 양(+) 기운을 살펴보기

甲(+)	丁(-)	己(-)	辛(-)
辰(+)	亥(+)	亥(+)	未(-)

* 양(+)과 음(-)의 기운이 같다.

3. 천간 살펴보기

甲木	큰 나무	기상이 크다.	丁火로 태어나 다정다감하다. 기상이 크고 신중하며 예민하다.
丁火	열 에너지(불)	다정다감하다.	
己土	소로, 논밭	신중하다.	
辛金	작은 돌, 보석	예민하다.	

4. 지지 살펴보기

辰土	습토	지장간 癸水가 있다.	습토가 있고 水가 많으며, 건토가 있다.
亥水	水	亥月은 겨울이다.	
未土	건토	지장간 丁火가 있다.	

5. 총평

- 亥月(겨울)에 丁火로 태어났다. 2 〈 6 신약
- 水 2개, 습토가 있어서 火氣가 습토 속으로 흡수된다.
- 丁火 하나로 火氣가 약하다.
- 많은 물(水 2개 : 病神)을 막아주는 건토인 戊戌土(약신)와 火가 필요하다.
- 水와 습토는 겨울생에게 흉이다.
- 건토나 火운이 길하다.
- 건토와 火를 넣어서 작명을 한다.
- 일간이 丁火일 경우에는 火가 필요해도 丙火를 써서 작명하지 않는다.
  丁火는 丙火에 가려지기 때문이다.

강의 마무리

- 작명가는 명리 공부와 한자 공부를 병행하여야 한다.
- 사주는 자연에 가깝게 접근하는 것이 바람직하다.

공개특강 2

내 사주는 어떨까? - 실전사주분석

학습목표 "병이 있으면 약이 있어야 한다." 이해하기

실전 사주 예시 1

	일간		
癸	辛	癸	丁
巳	巳	丑	卯
자식궁 시	배우자궁 일	부모궁 월	조상궁 년

유념해서 볼 사항
겨울생 / 생명체 卯 / 습토 / 배우자궁

<대운>

43	33	
戊	丁	→ 천간 3년
午	巳	→ 지지 7년

- 생명체(木)가 있으면 木을 중요하게 본다.
- 일간이 辛金이지만 木이 다치지 않아야 한다.
- 생명론으로 보면 木이 있어야 火土金水도 존재 가치가 있다.
- 木이 명식이나 대운, 세운 중 어디에 있어도 木을 보호해야 한다.
- 습토는 열을 흡수한다.
- 丑土는 습토이다. 겨울 생의 습토는 흉이다. (습토 : 辰土, 丑土)
- 癸水 두 개에 丑土(지장간 癸水)가 통근되어 水가 왕해져 흉이다. *丑 지장간 : 癸辛己
- 卯木(생명체)이 얼지 않은 것은 火가 많기 때문이다.
- 겨울 생에게 火는 많으면 많을수록 길하다. (火 다다익선)
- 丑月에 卯木이 火가 있어서 매화나 약초로도 볼 수 있다.
- 조후용신은 丙火이다.

■ 용신이 배우자궁과 자식궁에 있어서 배우자와 자식이 좋고, 장래가 밝다.

■ 대운

巳午未대운(여름)으로 와서 길하다.

33	
丁	→ 본원인 辛金은 丁辛沖으로 不吉하다.
巳	→ 용신운인 火운으로 길하다.

43	
戊	→ 건토가 길이다. 水 병신, 戊土 약신이다.
午	→ 용신운인 午火가 길이다. 이처럼 용신과 약신이 같이 오는 운일 때 大發(대발)한다.

■ 이름 간명 : O松(소나무 송)

- 松(소나무 송) 글자에서 木이 흉이 된다.

- 건토인 戊土를 木이 克(극)하여 약신이 들어오지 못하게 한다. (목극토)

- 戊土는 병을 치료해 주는 약이다.

■ 작명할 때 건토와 火가 필요하다.

실전 사주 예시 2

	일간		
丁	辛	壬	壬
酉	巳	子	子

유념해서 볼 사항
巳 지장간 / 조후용신 丙火 / 약신 戊土

57	47	37
戊	丁	丙
午	巳	辰

■ 五行 중에서 木과 土가 없다.

■ 子月(겨울)의 조후용신은 丙火이다.

■ 水가 4개로 태왕하여 병이 되었다.

■ 巳中 戊土가 약신이다. 巳는 배우자 궁이다.

■ 용신(丙火)과 약신(戊土)이 배우자 궁에 있다. 현모양처이다. *巳 지장간 : 戊庚丙

■ 대운

37

丙
辰

→ 丙火 조후용신이 길하다. 길운일 때 직업을 전환하여 순탄하다.
辰土(습토) 운은 흉이다. 火氣를 흡수하기 때문이다.

47

丁
巳

→ 겨울생 火는 다다익선이다. 丁巳운이 대길이다.
巳午未 남방 火운이 길하다.

57

戊
午

→ 戊土 약신이다.
火용신이다. 용신과 약신이 같이 오는 운일 때 대발한다.

■ 아호 : 昇山(승산)

昇(오를 승) = 日+ 升(되 승) 解 되에 곡식을 올리듯이 해가 높이 뜬다.

山(뫼 산)

■ 조후용신 丙火(日)와 약신 戊土(山)를 넣은 작호(作號)이다.

강의 마무리

■ 水가 병이면 건토가 약이다.

쉼터

下心

三人行에

必有我師焉이니라

세 사람이 함께 가면

반드시 내 스승이 있다.

出典 : 論語

3단원

지장간(支藏干)
육친(六親)

합(合)과 충(沖), 지장간과 육친은 암기가 필수이다.
명리학은 자연학이자 이치의 학문이며,
자기 자신을 알기 위한 디딤돌 학문이다.
이 부분만큼은 구구단을 외우듯이 막힘이 없어야 한다.
기초부터 하나씩 튼튼히 돌을 쌓아가듯 연마하지 않으면
자칫 사상누각(沙上樓閣)이 되기 쉽다.

11강 방합(方合)과 삼합(三合)의 기초 원리

학습목표 방합과 삼합에 대해 이해하고 알아보기

方合(방합)

- 같은 방위의 3地支(지지)가 모여 합을 이루는 것
- 방위의 합 : 동방은 동방끼리, 서방은 서방끼리, 남방은 남방끼리, 북방은 북방끼리의 합
- 같은 성질끼리의 합으로 단결력은 강하나 융통성이 부족하다.

木局	寅卯辰東方(동방) 木局	寅卯辰이 만나 木局을 이룬다.
火局	巳午未南方(남방) 火局	巳午未가 만나 火局을 이룬다.
金局	申酉戌西方(서방) 金局	申酉戌이 만나 金局을 이룬다.
水局	亥子丑北方(북방) 水局	亥子丑이 만나 水局을 이룬다.

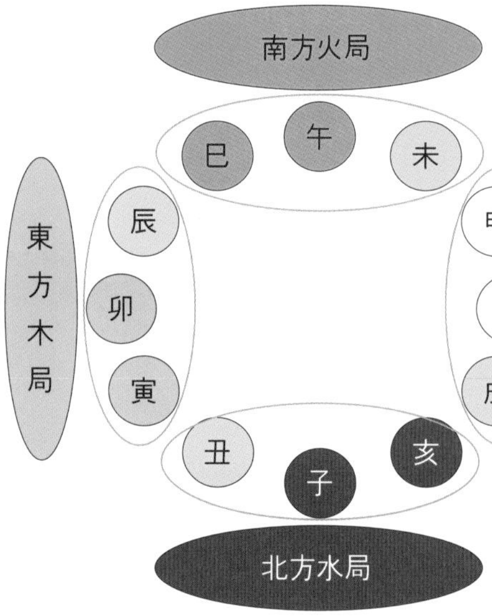

孟月(맹월), 仲月(중월), 季月(계월)

東方(동방)	1월 寅	2월 卯	3월 辰	寅卯辰木局(인묘진목국)
南方(남방)	4월 巳	5월 午	6월 未	巳午未火局(사오미화국)
西方(서방)	7월 申	8월 酉	9월 戌	申酉戌金局(신유술금국)
北方(북방)	10월 亥	11월 子	12월 丑	亥子丑水局(해자축수국)
	맹월	중월	계월	
	장생	제왕	묘	

孟月(맹월)	각 계절의 첫 달	寅	申	巳	亥	長生(장생)
		봄	가을	여름	겨울	
仲月(중월)	각 계절의 가운데 달	子	午	卯	酉	帝旺(제왕)
		겨울	여름	봄	가을	
季月(계월)	각 계절의 끝 달, 土月 (환절기)	辰	戌	丑	未	墓(묘)
		봄	가을	겨울	여름	

맹월 | 寅 | 申 | 巳 | 亥 | → 장생
인신충 사해충

중월 | 子 | 午 | 卯 | 酉 | → 제왕
자오충 묘유충

계월 | 辰 | 戌 | 丑 | 未 | → 묘
진술충 축미충

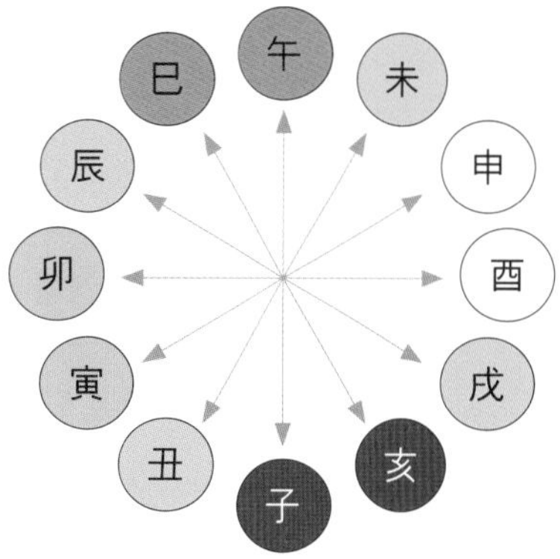

1. 孟月(맏 맹, 달 월) : 각 계절의 첫 달, 寅申巳亥, 長生(장생)

寅	봄의 첫 달	寅申巳亥(인신사해)는 지장간의 여기가 모두 戊土이다. * 餘氣(남을 여, 기운 기) : 지난달에서 넘어온 기운
申	가을의 첫 달	
巳	여름의 첫 달	
亥	겨울의 첫 달	

2. 仲月(버금 중, 달 월) : 각 계절의 가운데 달, 子午卯酉, 帝旺(제왕)

각 계절의 가운데 달로, 기운이 가장 강한 달이라고 해서 제왕월이라고 한다.

子	겨울의 가운데 달로 水氣가 가장 강하다.
午	여름의 가운데 달로 火氣가 가장 강하다.
卯	봄의 가운데 달로 木氣가 가장 강하다.
酉	가을의 가운데 달로 金氣가 가장 강하다.

3. 季月(끝 계, 달 월) : 각 계절의 끝 달, 土月, 辰戌丑未, 墓(무덤 묘)

(1) 각 계절의 끝 달이며 모두 土월이다.

辰	봄의 끝 달. 환절기 / 지장간 癸水 / 3월 습토. 옥토
	봄, 여름 생이 辰土 하나만 가지고 있어도 衣食(의식) 걱정이 없다.
戌	가을의 끝 달. 환절기 / 지장간 丁火 / 9월 건토
	가을, 겨울 생이 戌土 하나만 가지고 있어도 衣食(의식) 걱정이 없다.
丑	겨울의 끝 달. 환절기 / 지장간 癸水 / 12월 습토
	겨울 생이 辰土, 丑土가 있으면 흉하다. 습토 속 癸水는 비나 눈이다.
未	여름의 끝 달. 환절기 / 지장간 丁火 / 6월 건토
	未月(음6월)생은 물과 습토가 필요하다.

(2) 양(+)에서도 음양으로 갈라지고, 음(-)에서도 음양으로 갈라진다.

戊		己	
양(+)		음(-)	
3월	9월	12월	6월
辰	戌	丑	未
癸	丁	癸	丁
습토	건토	습토	건토

(3) 辰戌丑未의 특징

- 각 계절의 끝 달에 辰戌丑未가 오는데 건토인가 습토인가에 따라 사주를 변화시키는 큰 요인이 된다.
- 가을 겨울 생이 戌土 하나만 가지고 있어도 의식 걱정이 없다. (戌中 丁火 때문)
- 봄, 여름 생이 辰土 하나만 가지고 있어도 의식 걱정이 없다. (辰中 癸水, 辰土는 옥토)
- 丑中 癸水는 비나 구름 또는 눈이다.
- 습토 지장간에는 癸水가 있다. 습토는 火氣를 흡수한다.
- 건토 지장간에는 丁火가 있다. 건토는 물을 막아준다.

12運星(운성)

長生(장생)	沐浴(목욕)	冠帶(관대)	→	生浴帶(생욕대)	앞 계절
建祿(건록)	帝旺(제왕)	衰(쇠)	→	祿旺衰(녹왕쇠)	자기 계절
病(병)	死(사)	墓(묘)	→	病死墓(병사묘)	다음 계절
胞絶(포절)	胎(태)	養(양)	→	絶胎養(절태양)	반대 계절

① 앞 계절은 항상 생욕대이다.

② 자기 계절은 항상 녹왕쇠이다.

③ 다음 계절은 항상 병사묘이다.

④ 반대 계절은 항상 절태양이다.

三合(삼합)

三合이란? 생왕묘를 이은 세 개의 합이다.

앞 계절의 맹월에서 시작하여 자기 계절의 중월에 와서 다음 계절의 계월을 잇는다.

1. 亥卯未木局(해묘미목국)

■ 甲木이 제왕인 卯木을 봤을 때

앞 계절의 맹월 亥에서 시작하여 자기 계절인 중월 卯에 와서

다음 계절인 계월 未를 이으면 생왕묘가 되고 亥卯未木局이 된다.

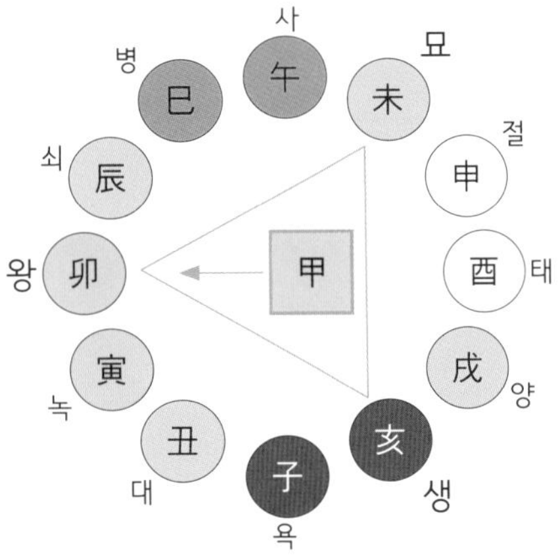

<(예) 甲木 일간>

★ 삼합 속에 들어 있는 지장간까지 익숙해지도록 읽기

생	왕	묘					
亥	卯	未	木	局	甲	乙	木
甲木	乙木	乙木					

* 해묘미목국 갑을목 / 해갑목 묘을목 미을목

亥지장간 → 戊**甲**壬

卯지장간 → 甲**乙**(卯木=乙木)

未지장간 → 丁**乙**己

2. 寅午戌火局(인오술화국)

■ 丙火가 제왕인 午火를 봤을 때

앞 계절의 맹월 寅에서 시작해서 자기 계절인 중월 午에 와서

다음 계절인 계월 戌로 이으면 생왕묘가 되고 寅午戌火局이 된다.

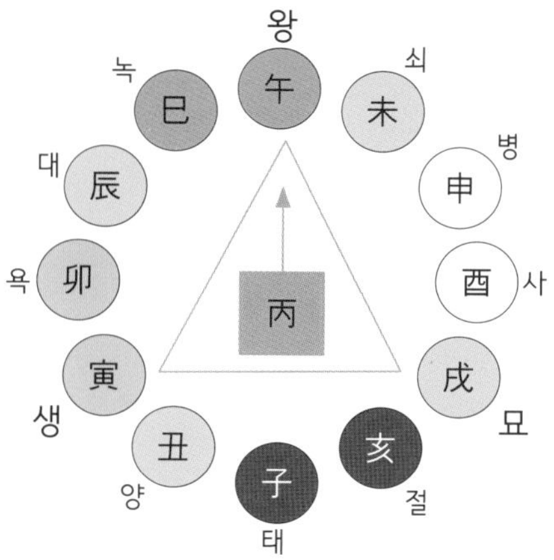

<예 丙火 일간>

★ 삼합 속에 들어 있는 지장간까지 익숙해지도록 읽기

생	왕	묘					
寅	午	戌	火	局	丙	丁	火
丙火	丁火	丁火					

* 인오술화국 병정화 / 인병화 오정화 술정화
  寅지장간 → 戊**丙**甲
  午지장간 → 丙己**丁**(午火=丁火)
  戌지장간 → 辛**丁**戊

3. 巳酉丑金局(사유축금국)

■ 庚金이 제왕인 酉金을 봤을 때

앞 계절의 맹월 巳에서 시작하여 자기 계절인 중월 酉로 와서

다음 계절인 계월 丑으로 이으면 생왕묘가 되고 巳酉丑金局이 된다.

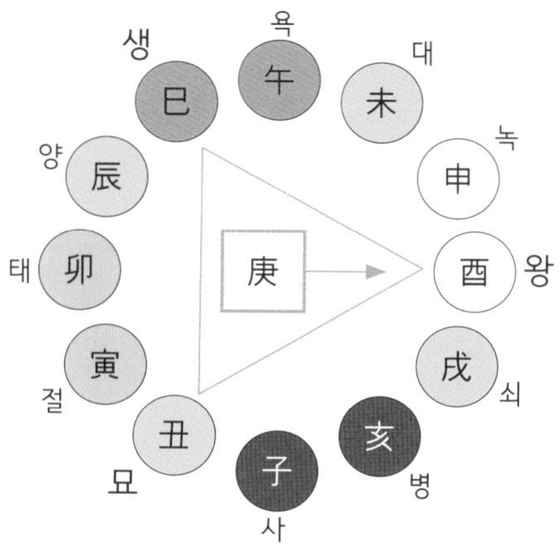

<예 庚金 일간>

★ 삼합 속에 들어 있는 지장간까지 익숙해지도록 읽기

생	왕	묘					
巳	酉	丑	金	局	庚	辛	金
庚金	辛金	辛金					

* 사유축금국 경신금 / 사경금 유신금 축신금
  巳지장간 → 戊**庚**丙
  酉지장간 → 庚**辛**(酉金=辛金)
  丑지장간 → 癸**辛**己

4. 申子辰水局(신자진수국)

■ 壬水가 제왕인 子水를 봤을 때

앞 계절의 맹월인 申에서 시작하여 자기 계절인 중월 子로 와서

다음 계절인 계월 辰으로 이으면 생왕묘가 되고 申子辰水局이 된다.

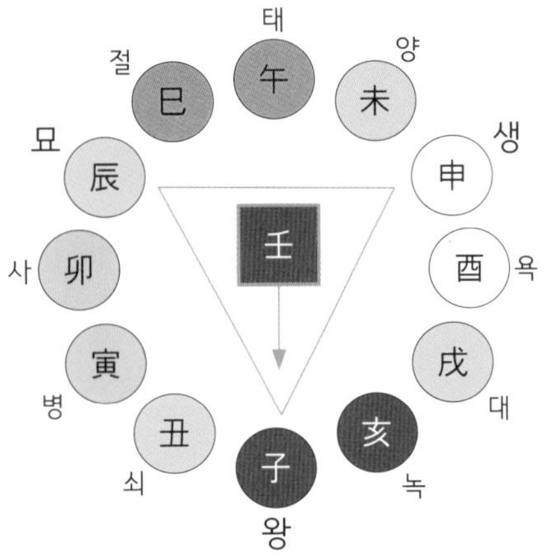

<예 壬水 일간>

★ 삼합 속에 들어 있는 지장간까지 익숙해지도록 읽기

생	왕	묘					
申	子	辰	水	局	壬	癸	水
壬水	癸水	癸水					

* 신자진수국 임계수 / 신임수 자계수 진계수
申지장간 → 戊**壬**庚
子지장간 → 壬**癸**(子水=癸水)
辰지장간 → 乙**癸**戊

半合(반합)

■ 삼합에서 두 개만 합하는 것을 반합이라고 한다.

■ 삼합보다는 약하지만 반합도 에너지가 있다.

삼 합		반 합	
亥卯未木局(해묘미목국)	→	亥卯 / 亥未 / 卯未	木局
寅午戌火局(인오술화국)	→	寅午 / 寅戌 / 午戌	火局
巳酉丑金局(사유축금국)	→	巳酉 / 巳丑 / 酉丑	金局
申子辰水局(신자진수국)	→	申子 / 申辰 / 子辰	水局

예 亥卯未木局에서 亥卯만 만나도 반합으로 木局이며, 卯未만 만나도 반합으로 木局이 되고, 亥未가 되어도 반합으로 木局이 된다. 단, 떨어져 있으면 반합이 아니다.

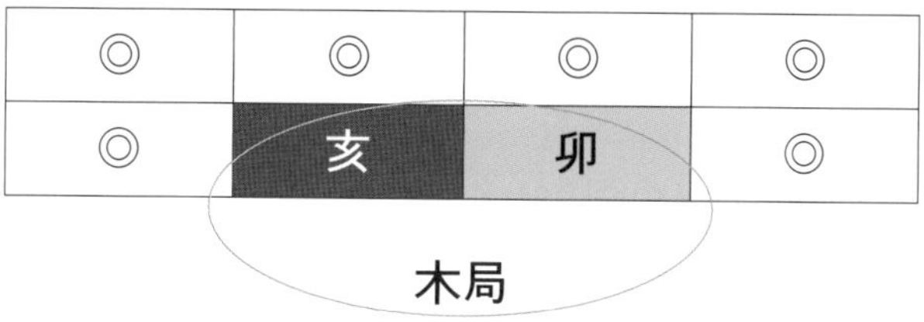

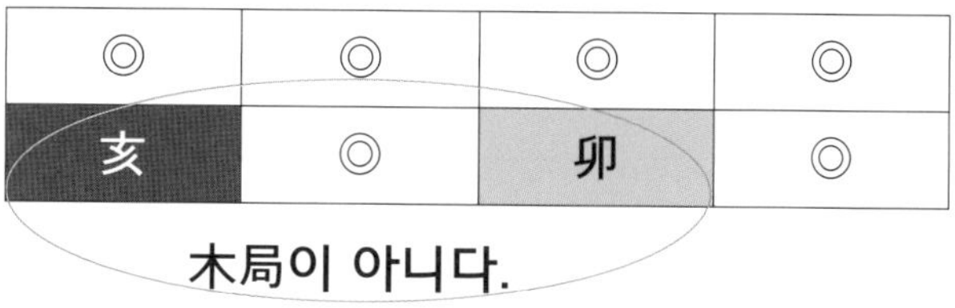

강의 마무리

- 합은 합해져서 에너지가 커진다. 국(局)을 이룬다.

12강 나의 진짜 속마음 – 지장간(支藏干)

학습목표 지장간의 원리를 알고, 지장간 외우기

- 支藏干(지장간) : 地支(지지) 속에 감추어진 天干(천간)
- 餘氣(여기) : 앞 달의 본기에서 이번 달로 넘어온 기운(남을 여, 기운 기)
- 中氣(중기) : 삼합의 祿(녹)
- 本氣(본기) : 자기 기운(本氣=正氣)

支 藏 干

계절	春			夏			秋			冬		
地支	寅	卯	辰	巳	午	未	申	酉	戌	亥	子	丑
음력	1월	2월	3월	4월	5월	6월	7월	8월	9월	10월	11월	12월
餘氣	戊	甲	乙	戊	丙 己	丁	戊	庚	辛	戊	壬	癸
中氣	丙	◎	癸	庚	◎	乙	壬	◎	丁	甲	◎	辛
三合	寅午戌火局		申子辰水局	巳酉丑金局		亥卯未木局	申子辰水局		寅午戌火局	亥卯未木局		巳酉丑金局
本氣	甲	乙	戊	丙	丁	己	庚	辛	戊	壬	癸	己

- 寅卯辰(인묘진) – 봄
- 巳午未(사오미) – 여름
- 申酉戌(신유술) – 가을
- 亥子丑(해자축) – 겨울

1. 支藏干(지장간) : 지지 속에 감추어진 천간

寅 속에는 戊丙甲이 있다.
卯 속에는 甲乙이 있다.
辰 속에는 乙癸戊가 있다.
巳 속에는 戊庚丙이 있다.
午 속에는 丙己丁이 있다.
未 속에는 丁乙己가 있다.
申 속에는 戊壬庚이 있다.
酉 속에는 庚辛이 있다.
戌 속에는 辛丁戊가 있다.
亥 속에는 戊甲壬이 있다.
子 속에는 壬癸가 있다.
丑 속에는 癸辛己가 있다.

			여기	중기	본기
寅	지장간	→	戊	丙	甲
卯	지장간	→	甲	◎	乙
辰	지장간	→	乙	癸	戊
巳	지장간	→	戊	庚	丙
午	지장간	→	丙己	◎	丁
未	지장간	→	丁	乙	己
申	지장간	→	戊	壬	庚
酉	지장간	→	庚	◎	辛
戌	지장간	→	辛	丁	戊
亥	지장간	→	戊	甲	壬
子	지장간	→	壬	◎	癸
丑	지장간	→	癸	辛	己

2. 餘氣(여기) 알아보기

- 寅月의 여기 戊土는 寅月의 앞 달인 丑月의 본기 己土가 넘어온 것인데,
  寅月에 싹이 트려면 이면토인 己土가 아니고 표면토인 戊土이어야 한다.
  그래서 己土가 戊土로 변화되어 여기가 된 것이다.
- 卯月의 여기 甲木은 卯月의 앞 달인 寅月의 본기 甲木이 넘어온 것이다.
- 辰月의 여기 乙木은 辰月의 앞 달인 卯月의 본기 乙木이 넘어온 것이다.
- 巳月의 여기 戊土는 巳月의 앞 달인 辰月의 본기 戊土가 넘어온 것이다.
- 午月의 여기 丙火는 午月의 앞 달인 巳月의 본기 丙火가 넘어온 것이다.
  己土가 같이 있는 것은 辰中 癸水 만으로는 한여름의 조후로는 부족하여

습토인 己土로 火氣를 설기 하기 위함이다.

- 未月의 여기 丁火는 未月의 앞 달인 午月의 본기 丁火가 넘어온 것이다.
- 申月의 여기 戊土는 申月의 앞 달인 未月의 본기 己土가 넘어온 것이다.

  己土가 戊土로 여기가 된 것은 申月에는 논밭에 있는 물도 빼주어야 곡식이 익기 때문이다.
- 酉月의 여기 庚金은 酉月의 앞 달인 申月의 본기 庚金이 넘어온 것이다.
- 戌月의 여기 辛金은 戌月의 앞 달인 酉月의 본기 辛金이 넘어온 것이다.
- 亥月의 여기 戊土는 亥月의 앞 달인 戌月의 본기 戊土가 넘어온 것이다.
- 子月의 여기 壬水는 子月의 앞 달인 亥月의 본기 壬水가 넘어온 것이다.
- 丑月의 여기 癸水는 丑月의 앞 달인 子月의 본기 癸水가 넘어온 것이다.

3. 中氣(중기) 알아보기

(1) 지장간의 중기 쉽게 외우는 방법

⇒ 삼합과 같이 반복해서 읽으며 외우기

寅속의 중기 **丙**	인오술화국 병정화 / (寅**丙**火) 午丁火 戌丁火
辰속의 중기 **癸**	신자진수국 임계수 / 申壬水 子癸水 (辰**癸**水)
巳속의 중기 **庚**	사유축금국 경신금 / (巳**庚**金) 酉辛金 丑辛金
未속의 중기 **乙**	해묘미목국 갑을목 / 亥甲木 卯乙木 (未**乙**木)
申속의 중기 **壬**	신자진수국 임계수 / (申**壬**水) 子癸水 辰癸水
戌속의 중기 **丁**	인오술화국 병정화 / 寅丙火 午丁火 (戌**丁**火)
亥속의 중기 **甲**	해묘미목국 갑을목 / (亥**甲**木) 卯乙木 未乙木
丑속의 중기 **辛**	사유축금국 경신금 / 巳庚金 酉辛金 (丑**辛**金)

(2) 子午卯酉(자오묘유)가 중기가 없는 이유

자신이 제왕이 되기 때문에 중기가 없다.

4. 本氣(본기)=正氣(정기) 알아보기

■ 본기는 자기 기운을 의미한다.

■ 양(+)은 양으로, 음(-)은 음으로 받는다.

예 寅木(+) 지장간 본기는 甲木(+)이다.

예 卯木(-) 지장간 본기는 乙木(-)이다.

	양(+)	음(-)	양(+)	양(+)	음(-)	음(-)	양(+)	음(-)	양(+)	양(+)	음(-)	음(-)
지지	寅	卯	辰	巳	午	未	申	酉	戌	亥	子	丑
	양(+)	음(-)	양(+)	양(+)	음(-)	음(-)	양(+)	음(-)	양(+)	양(+)	음(-)	음(-)
본기 (지장간)	甲	乙	戊	丙	丁	己	庚	辛	戊	壬	癸	己

5. 여기, 중기, 본기가 되는 보편적인 원칙에서 벗어났을 때 알아보기

(1) 午 지장간 특징

■ 子午卯酉(자오묘유)는 제왕월로 중기가 없고 자기 기운만 있다.

그러나 午 지장간에는 자기 기운 외에 己土가 있다.

■ 午 지장간에 己土가 있는 이유 알아보기

- 午月은 가장 더운 시기로 辰中의 癸水 하나로 여름을 나기가 어렵다.
- 생명체가 火氣 때문에 죽을 가능성이 많다.
- 그래서 己土가 들어와 火氣가 습토 속으로 흡수 되어야 한다.

(2) 申 지장간 특징

■ 未月의 본기 己土가 申月로 오면 戊土로 바뀌게 되는 이유 알아보기

- 여름에서 申酉戌월(가을)로 들어서면 건토인 戊土로 와야 한다. 가을에는 땅이 건조해야 한다. 그래야 곡식이 익는다. 가을에 비가 추적추적 와서 땅이 젖으면 그 해 농사를 망친다.
- 未月의 己土(습토)가 申月의 戊土(건토)로 바뀌어서 들어오는 이유이다.

(3) 寅 지장간 특징

■ 丑月의 己土가 寅月로 오면 戊土로 바뀌게 되는 이유 알아보기

- 1월(寅月)은 싹이 트는 봄의 시작이다. 싹은 땅속 깊은 곳이 아닌 겉의 土에서 튼다.
- 戊土는 표면토(겉의 토)이고 己土는 땅속 깊은 土(이면토)를 의미한다.
- 겉의 토(戊土)에서 싹(寅木)이 나야 하므로 戊土로 바뀌게 된다.

6. 원리만 알면 지장간은 쉽게 이해된다

■ 인신사해는 여기가 모두 戊土이다.

■ 자오묘유는 중기가 없고 자기 기운만 있다.

다만 午 지장간에는 자기 기운 丙丁과 己(습토)가 있다.

■ 여기는 앞의 달에서 이번 달로 넘어온 기운이다.

■ 중기는 삼합의 祿(녹)이다. 삼합에서 나온다.

■ 본기(정기)는 자기 기운이다.

지장간 이해에 도움이 되는 내용 정리

지지	지장간	지장간으로 살펴보는 월지의 이해
寅	戊丙甲	1월 寅中 丙火는 천간의 丙火와 같다. 태양은 어느 위치에 있건 태양이다. 표면토(戊)에서 싹이 트고 해(丙)가 있어야 생명체(甲)가 자란다.
卯	甲 乙	2월 卯월에는 초목이 무성하게 자란다. 木 제왕월로 木기운만 있다. 중기는 없다.
辰	乙癸戊	3월 辰土는 지장간에 癸水가 있어 습토이며 옥토이다. 辰土는 습토로 땅이 축축(癸)해야 표면토(戊)에서 싹(乙)을 틔울 수 있다. 봄, 여름에 태어난 사람이 辰土가 있으면 의식 걱정이 없다.
巳	戊庚丙	4월 巳 속에 戊土, 庚金, 丙火가 있다. 火는 金을 움직이게 한다. 金은 火 속에서 장생한다. 金은 火 속에서 큰다.
午	丙己丁	5월 제왕월은 원래 자기 기운만 가지고 있는데, 午에만 유일하게 습토인 己土가 있다. 그것은 3월 진토 속 癸水 하나로 여름을 나기가 어렵고 생명체가 火氣 때문에 죽을 수도 있기 때문이다. 그래서 午月에 습토인 己土가 있어야 여름의 火 기운이 습토 속으로 흡수되어 생명체가 살 수가 있다.
未	丁乙己	6월 未土는 지장간 丁火가 있어 건토이다. 6월 土라서 열토, 사막토이다. 乙은 선인장이라 볼 수 있다. 습토(己)가 있기에 생명을 유지할 수 있으며, 未土를 가지고 있는 사람은 선인장처럼 생명력이 강하다
申	戊壬庚	7월 여기가 戊土가 되는 까닭은 가을이 수확의 계절이기 때문에 건토가 되어야 한다. 그래서 여기를 건토인 戊土로 받게 된다. 申中 壬水는 金生水가 된 것이다.
酉	庚 辛	8월 酉월은 金 제왕월로 金氣로 똘똘 뭉쳐 있다. 강하다.
戌	辛丁戊	9월 戌土는 지장간 丁火가 있어 건토이다. 또 가을에는 수확의 계절이므로 땅이 건조해야 한다. 辛金이 있어 자갈밭으로 생명을 키우기에 부적당하다. 戌中 丁火가 겨울을 나게 하며 씨나 싹이 얼어 죽지 않게 하고, 생명이 유지될 수 있는 중요한 역할을 한다. 가을 겨울생이 戌土 하나를 가지고 있으면 의식 걱정이 없다는 이유가 여기서 나온다.
亥	戊甲壬	10월 亥月은 亥中 戊土가 있어서 물을 막아준다. 子水와 亥水는 큰 차이가 있다. 亥水는 온수이다. 亥月은 일명 소춘(小春)이다.
子	壬 癸	11월 子월은 水 제왕월이라서 水만 있다. 子水는 냉수이다.
丑	癸辛己	12월 丑土는 지장간 癸水가 있어 습토가 되며, 또 겨울철 땅은 얼어 있어서 습토이다. 辛金이 있는 자갈밭이라 생명체를 키우기 어렵다. 丑土는 봄을 준비하는 찌꺼기土이다.

13강 지장간 날수 계산, 아주 쉽게 하기

학습목표 지강간 속의 천간이 어떤 기운으로 얼마만큼 숨어 있는지 가늠 해 보기

- 孟月(맹월 : 맏 맹, 달 월) : 각 계절의 첫 달. 寅申巳亥(인신사해). 長生(장생)
- 仲月(중월 : 버금 중, 달 월) : 각 계절의 가운데 달. 子午卯酉(자오묘유). 帝旺(제왕)
- 季月(계월 : 끝 계, 달 월) : 각 계절의 끝 달. 辰戌丑未(진술축미). 墓(묘)
- 支藏干(지장간) : 地支(지지)에 감추어진 天干(천간)
- 餘氣(여기 : 남을 여, 기운 기) : 앞 달의 본기에서 이번 달로 넘어온 기운
- 中氣(중기 : 가운데 중, 기운 기) : 삼합의 祿(녹)
- 本氣(본기 : 근본 본, 기운 기) : 자기 기운. 本氣=正氣

支藏干(지장간) 일수 알아보기

四季	春			夏			秋			冬		
月(음)	1월	2월	3월	4월	5월	6월	7월	8월	9월	10월	11월	12월
地支	寅	卯	辰	巳	午	未	申	酉	戌	亥	子	丑
여기	戊	甲	乙	戊	丙/己	丁	戊	庚	辛	戊	壬	癸
중기	丙	◎	癸	庚	◎	乙	壬	◎	丁	甲	◎	辛
본기	甲	乙	戊	丙	丁	己	庚	辛	戊	壬	癸	己
여기	6	9	9	6	12	9	3	9	9	3	9	9
중기	6	◎	3	6	◎	3	9	◎	3	9	◎	3
본기	18	21	18	18	18	18	18	21	18	18	21	18
일수	*30*	*30*	*30*	*30*	*30*	*30*	*30*	*30*	*30*	*30*	*30*	*30*

孟月, 仲月, 季月 알아보기

<table>
<tr><td rowspan="11">핵심요점</td><td colspan="4">長生(장생)= 孟月(맹월)</td><td colspan="4">帝旺(제왕)= 仲月(중월)</td><td colspan="4">墓(묘)= 季月(계월)</td></tr>
<tr><td>寅</td><td>申</td><td>巳</td><td>亥</td><td>子</td><td>午</td><td>卯</td><td>酉</td><td>辰</td><td>戌</td><td>丑</td><td>未</td></tr>
<tr><td colspan="2" rowspan="3">寅(1월)
巳(4월)</td><td colspan="2">여기 6일</td><td colspan="2" rowspan="3">子(11월),
卯(2월),
酉(8월)</td><td colspan="2">여기 9일</td><td colspan="2" rowspan="6">辰(3월),戌(9월)
丑(12월),未(6월)</td><td colspan="2" rowspan="2">여기 9일</td></tr>
<tr><td colspan="2">중기 6일</td><td colspan="2">◎</td></tr>
<tr><td colspan="2">본기 18일</td><td colspan="2">본기 21일</td><td colspan="2" rowspan="2">중기 3일</td></tr>
<tr><td colspan="2" rowspan="3">申(7월)
亥(10월)</td><td colspan="2">여기 3일</td><td colspan="2" rowspan="3">午(5월)</td><td colspan="2">여기 12일</td></tr>
<tr><td colspan="2">중기 9일</td><td colspan="2">◎</td><td colspan="2" rowspan="2">본기 18일</td></tr>
<tr><td colspan="2">본기 18일</td><td colspan="2">본기 18일</td></tr>
<tr><td colspan="4">인신사해 여기는 戊土 이다.</td><td colspan="4">제왕월은 중기가 없다.</td><td colspan="4">계월은 전부 土月이다.</td></tr>
<tr><td colspan="4">봄(寅),여름(巳)의 戊土는
할 일이 많아
여기를 6일간 받는다.</td><td colspan="4">午→ 己土가 있다.</td><td colspan="4" rowspan="2">土월은 子午卯酉 제왕월의
강한 기운을 넘겨 받기 때문에
진술축미는 여기를 9일간으로
많이 받는다.</td></tr>
<tr><td colspan="4">가을(申) 겨울(亥)의 戊土는 한
가한 土라서 여기를 3일간 받
는다.</td><td colspan="4">午月은 너무 더워서
습토(己)가 필요하다.</td></tr>
</table>

1. 孟月(맹월) : 寅申巳亥(인신사해), 長生(장생)

	지장간	일수
	戊	6일
寅	丙	6일
	甲	18일

	지장간	일수
	戊	6일
巳	庚	6일
	丙	18일

	지장간	일수
	戊	3일
申	壬	9일
	庚	18일

	지장간	일수
	戊	3일
亥	甲	9일
	壬	18일

지장간 외우기

인	무병갑
신	무임경
사	무경병
해	무갑임

2. 仲月(중월) : 子午卯酉(자오묘유), 帝旺(제왕)

	지장간	일수
	壬	9일
子	◎	
	癸	21일

	지장간	일수
	丙	12일
午	己	
	丁	18일

	지장간	일수
	甲	9일
卯	◎	
	乙	21일

	지장간	일수
	庚	9일
酉	◎	
	辛	21일

지장간 외우기

자	임계
오	병기정
묘	갑 을
유	경 신

3. 季月(계월) : 辰戌丑未(진술축미), 墓(묘)

	지장간	일수
	乙	9일
辰	癸	3일
	戊	18일

	지장간	일수
	辛	9일
戌	丁	3일
	戊	18일

	지장간	일수
	癸	9일
丑	辛	3일
	己	18일

	지장간	일수
	丁	9일
未	乙	3일
	己	18일

지장간 외우기

진	을계무
술	신정무
축	계신기
미	정을기

강의 마무리

- 지장간 날수는 맹월, 중월, 계월로 나누어 보면 쉽게 알 수 있다.

14강 육친(六親)의 형성과정

학습목표 육친 또는 육신의 개념 이해하기

六親(육친) = 六神(육신)

< 나를 둘러싼 친족 관계(가족관계)와 환경 >

① 我(나) ② 比劫(비겁) ③ 食傷(식상) ④ 財(재) ⑤ 官(관) ⑥ 印(인)

예 木 일간

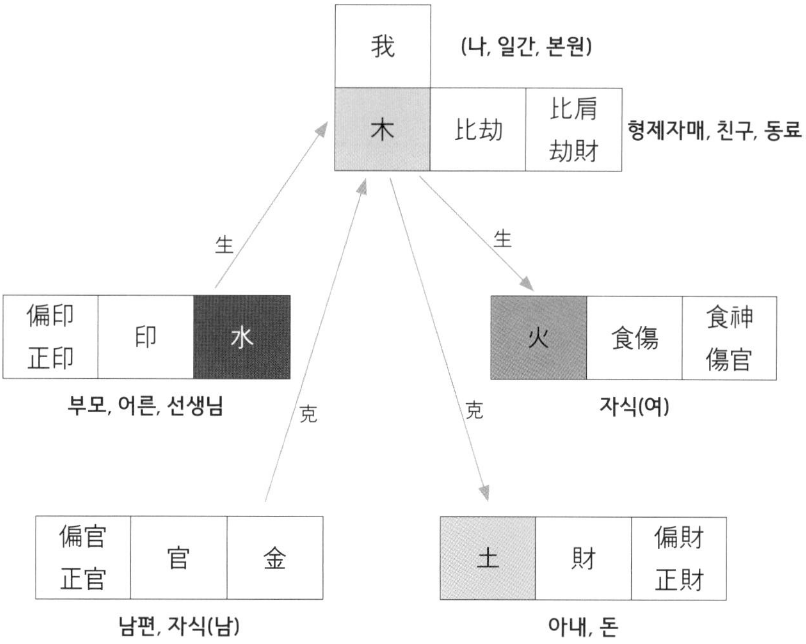

六親(육친) 기본 개념 정리

比劫 비겁	比肩	비견	比	肩	양(+) → 양(+)	• 일간과 같은 오행 • 어깨를 나란히 한다. • 재물을 겁탈한다.	형제자매, 친구, 동료
			견줄 비	어깨 견	음(-) → 음(-)		
	劫財	겁재	劫	財	양(+) → 음(-)		
			겁탈할 겁	재물 재	음(-) → 양(+)		
食傷 식상	食神	식신	食	神	양(+) → 양(+)	• 일간이 生(생)을 해주는 관계 • 나에게서 빠져나가는 것 • 언행, 대소변, 창의력	자식(여)
			밥 식	귀신 신	음(-) → 음(-)		
	傷官	상관	傷	官	양(+) → 음(-)		
			다칠 상	벼슬 관	음(-) → 양(+)		
財 재	偏財	편재	偏	財	양(+) → 양(+)	• 내가 克(극)을 하는 관계 • 돈(재물)	아내
			치우칠 편	재물 재	음(-) → 음(-)		
	正財	정재	正	財	양(+) → 음(-)		
			바를 정	재물 재	음(-) → 양(+)		
官 관	偏官	편관	偏	官	양(+) → 양(+)	• 내가 克(극)을 당하는 관계 • 직장, 직위 • 국가, 조상	남편, 자식(남)
			치우칠 편	벼슬 관	음(-) → 음(-)		
	正官	정관	正	官	양(+) → 음(-)		
			바를 정	벼슬 관	음(-) → 양(+)		
印 인	偏印	편인	偏	印	양(+) → 양(+)	• 내가 生(생)을 받는 관계 • 공부, 고향 • 도장, 문서	부모, 시부모, 어른, 선생님
			치우칠 편	도장 인	음(-) → 음(-)		
	正印	정인	正	印	양(+) → 음(-)		
			바를 정	도장 인	음(-) → 양(+)		

강의 마무리

- 육친은 나를 둘러싼 가족(친족) 관계와 환경이다.

15강 상생 상극으로 보는 육친

학습목표 음양으로 결정되는 육친 형성 과정 자세히 알아보기

육친이 어떻게 형성되는지 이해하기

1. 日干(일간)이 甲木(+)인 경우

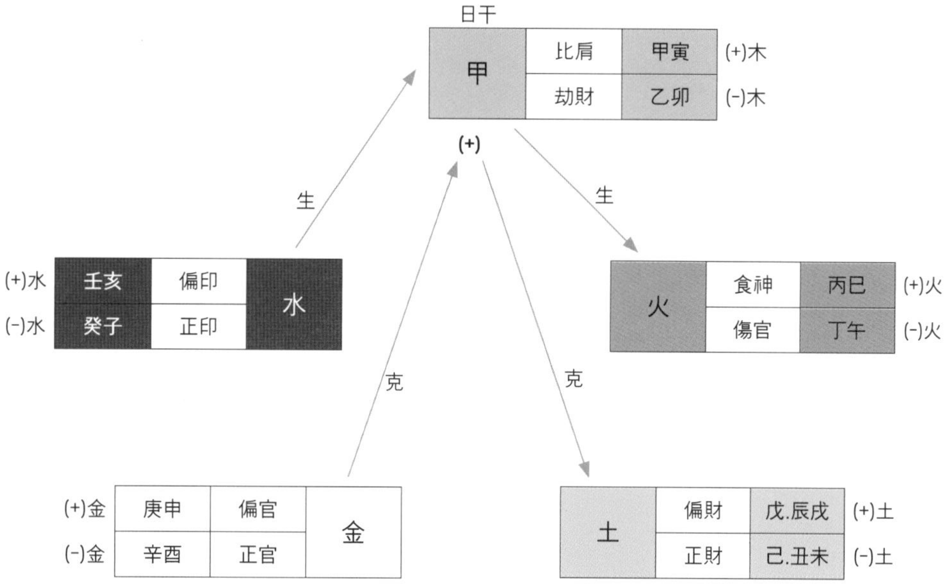

대입해 보기 예

편관	일간	편인	정관
庚(+)	甲(+)	壬(+)	辛(-)
午(-)	子(-)	辰(+)	巳(+)
상관	정인	편재	식신

日干인 甲은 (+) 이고,
巳도 (+)이므로
식신이 된다.

2. 日干(일간)이 乙木(-)인 경우

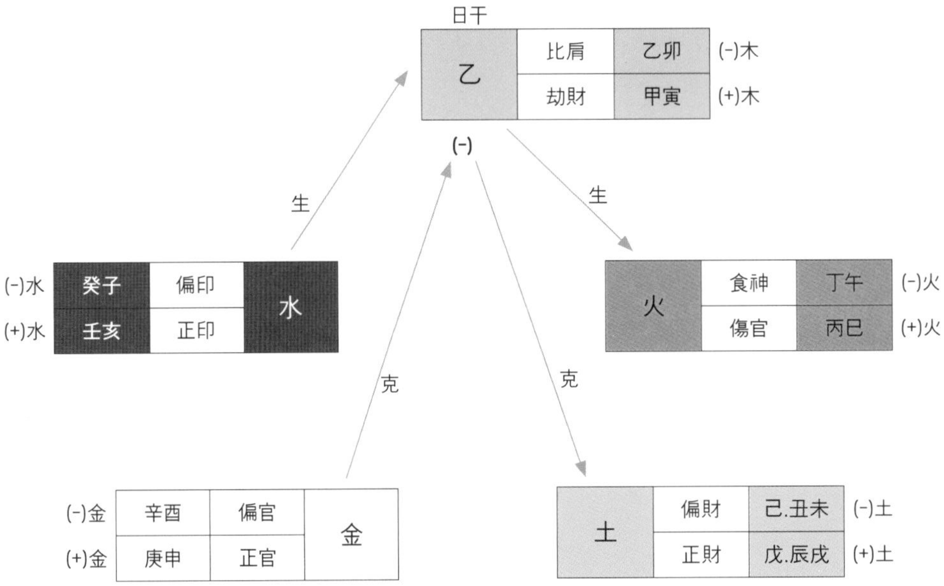

대입해 보기 예

비견	일간	겁재	편재
乙(-)	乙(-)	甲(+)	己(-)
酉(-)	丑(-)	戊(+)	酉(-)
편관	편재	정재	편관

日干인 乙은 (-) 이고,
酉도 (-)이므로
편관이 된다.

3. 日干(일간)이 丙火(+)인 경우

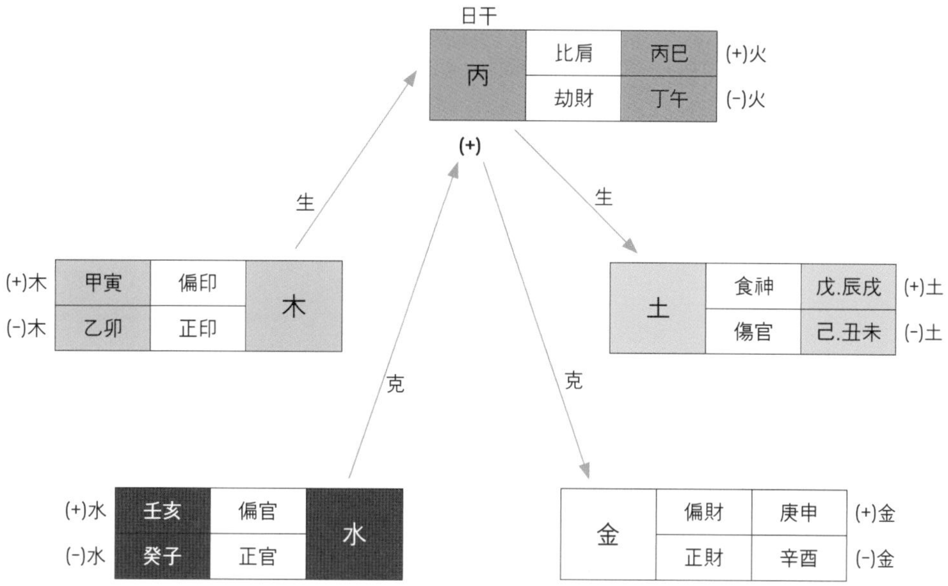

대입해 보기 예

겁재	일간	상관	편재
丁(-)	丙(+)	己(-)	庚(+)
酉(-)	午(-)	卯(-)	戊(+)
정재	겁재	정인	식신

日干인 丙는 (+) 이고,
戊도 (+)이므로
식신이 된다.

4. 日干(일간)이 丁火(-) 인 경우

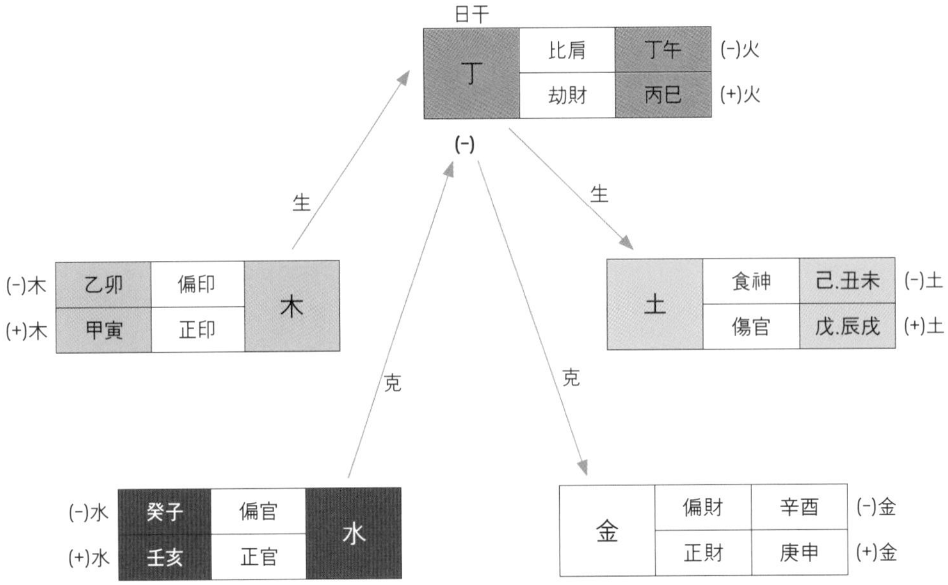

대입해 보기 예

편재	일간	상관	정재
辛(-)	丁(-)	戊(+)	庚(+)
亥(+)	未(-)	子(-)	辰(+)
정관	식신	편관	상관

日干인 丁은 (-) 이고,
辰은 (+)이므로
상관이 된다.

5. 日干(일간)이 戊土(+) 인 경우

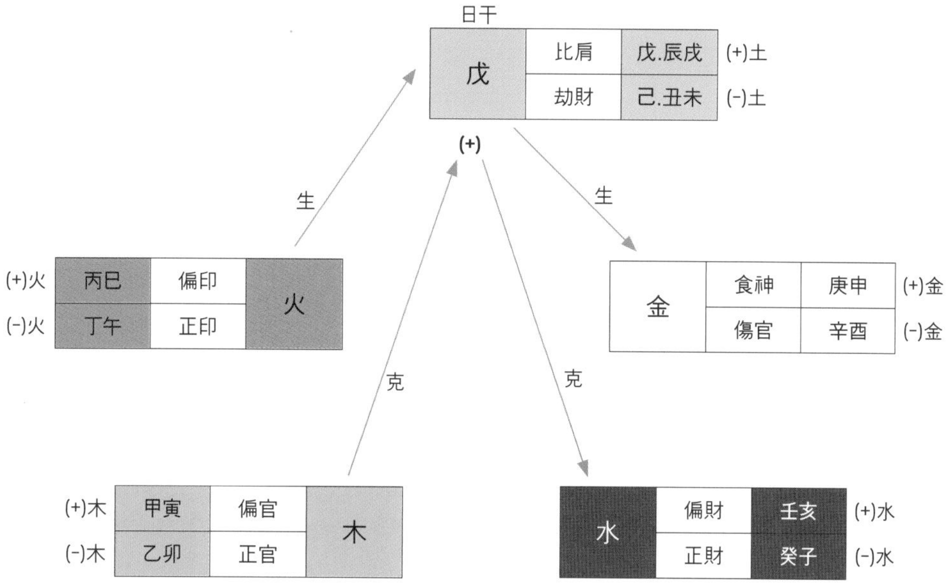

대입해 보기 예

정재	일간	편관	비견
癸(-)	戊(+)	甲(+)	戊(+)
亥(+)	午(-)	子(-)	申(+)
편재	정인	정재	식신

日干인 戊는 (+) 이고,
申도 (+)이므로
식신이 된다.

6. 日干(일간)이 己土(-) 인 경우

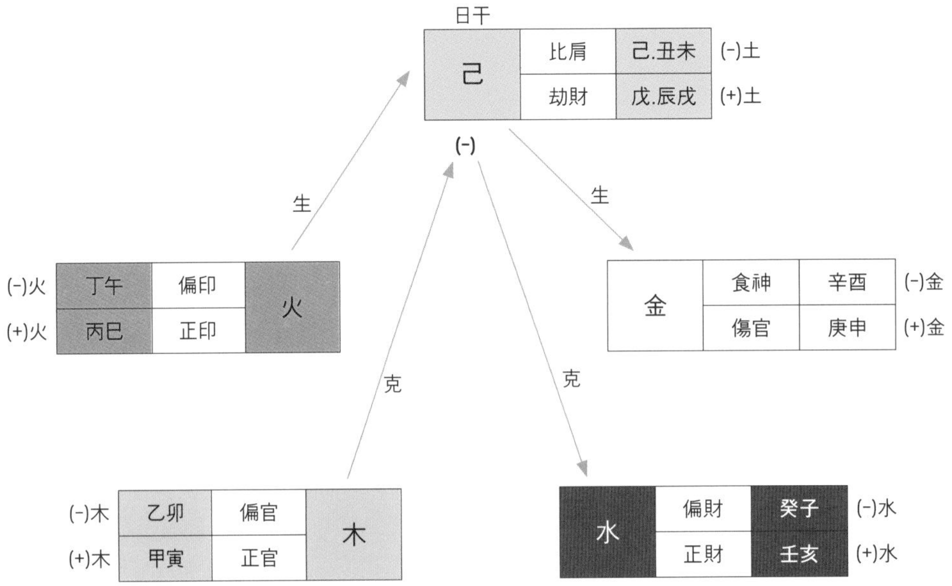

대입해 보기 예

겁재	일간	편관	정인
戊(+)	己(-)	乙(-)	丙(+)
辰(+)	巳(+)	未(-)	子(-)
겁재	정인	비견	편재

日干인 己는 (-) 이고,
子도 (-)이므로
편재가 된다.

7. 日干(일간)이 庚金(+) 인 경우

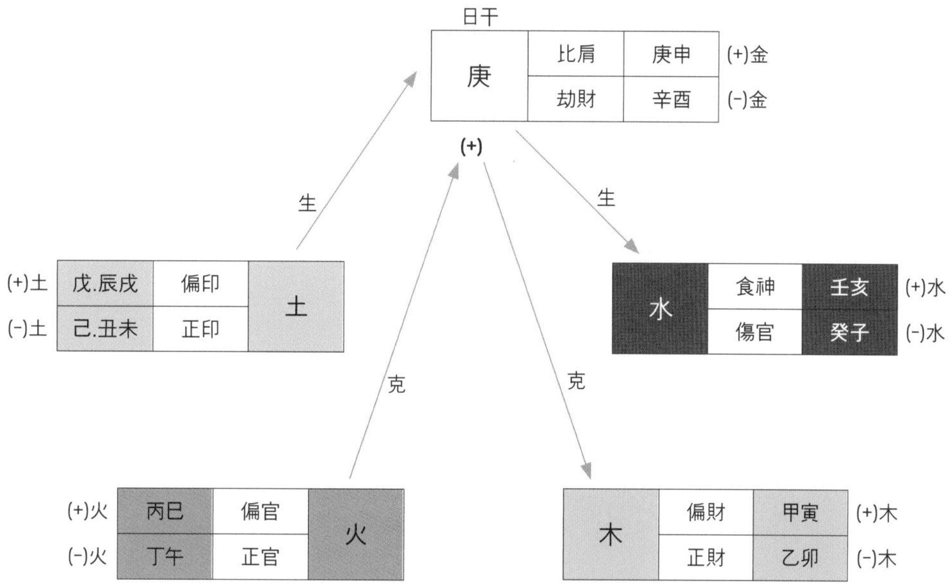

대입해 보기 예

정관	일간	겁재	정관
丁(-)	庚(+)	辛(-)	丁(-)
丑(-)	辰(+)	亥(+)	未(-)
정인	편인	식신	정인

日干인 庚은 (+) 이고,
未는 (-)이므로
정인이 된다.

8. 日干(일간)이 辛金(-) 인 경우

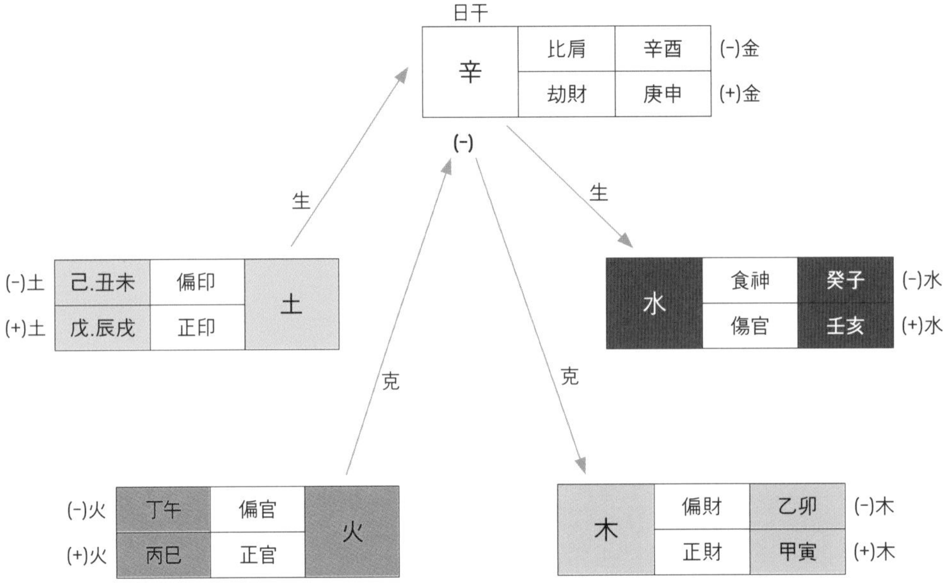

대입해 보기 예

편재	일간	편인	비견
乙(-)	辛(-)	己(-)	辛(-)
未(-)	卯(-)	亥(+)	巳(+)
편인	편재	상관	정관

日干인 辛은 (-) 이고,
巳는 (+)이므로
정관이 된다.

9. 日干(일간)이 壬水(+) 인 경우

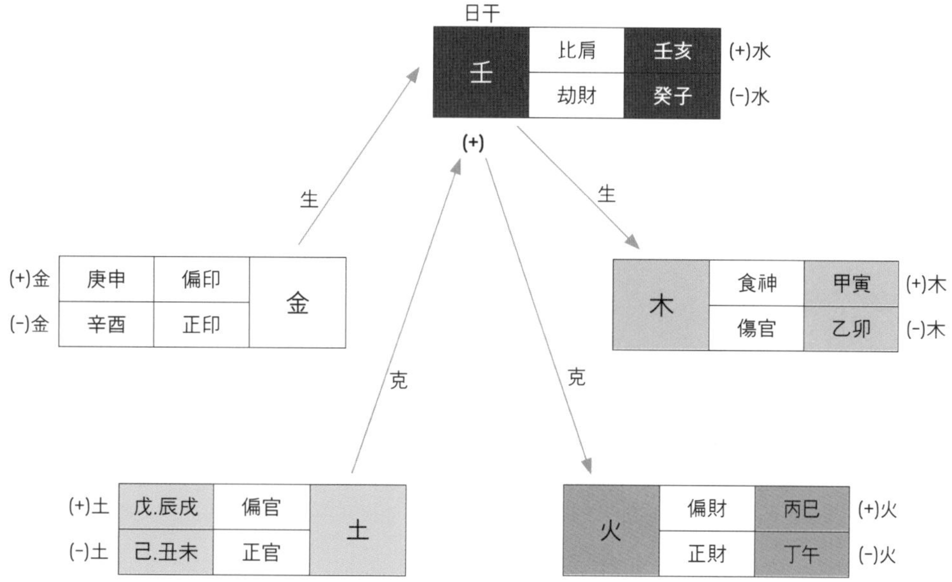

대입해 보기 예

정인	일간	정인	정관
辛(-)	壬(+)	辛(-)	己(-)
亥(+)	寅(+)	未(-)	酉(-)
비견	식신	정관	정인

日干인 壬은 (+) 이고,
酉는 (-)이므로
정인이 된다.

10. 日干(일간)이 癸水(-) 인 경우

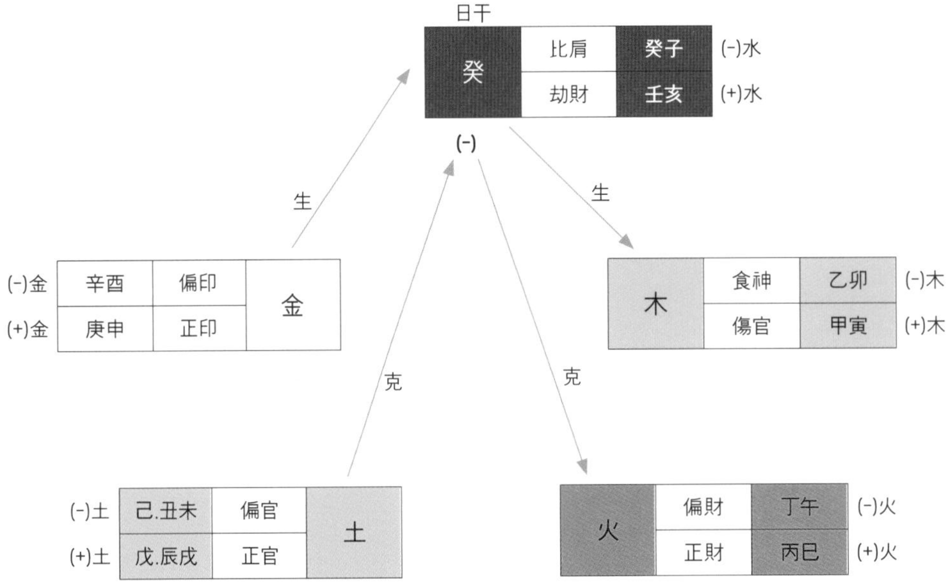

대입해 보기 예

정관	일간	편관	식신
戊(+)	癸(-)	己(-)	乙(-)
午(-)	卯(-)	卯(-)	酉(-)
편재	식신	식신	편인

日干인 癸는 (-) 이고,
酉도 (-)이므로
편인이 된다.

음양으로 살펴보는 천간 & 지지

천 간	
양(+)	甲丙戊庚壬
음(-)	乙丁己辛癸

지 지	
양(+)	寅申巳亥辰戌
음(-)	子午卯酉丑未

나를 둘러싼 주변 환경 알아보기

印(인)	부모, 선생님, 어른	도장, 문서, 고향, 공부
比劫(비겁)	형제자매, 친구, 동료	자존심, 투쟁, 용기, 자유
食傷(식상)	자식(여)	언어, 행동, 창의력
財(재)	아내	돈
官(관)	남편, 자식(남)	직장, 직위, 국가

나를 중심으로 음(-) 양(+) 확인하기

	같은 음양	다른 음양	통 칭
나와 같은 오행	비견	겁재	비겁
내가 生하는 오행	식신	상관	식상
내가 克하는 오행	편재	정재	재
나를 克하는 오행	편관	정관	관
나를 生해주는 오행	편인	정인	인

강의 마무리

- 본인의 사주 명식을 작성 한 후 육친을 적어 보자.

16강 육친은 참고사항일 뿐

학습목표 육친은 참고사항이라고 강조하는 이유 알아보기

印(偏印, 正印) : 부모, 스승, 어른, 직장상사

- 지식, 혈통, 가정환경, 집, 고향, 안식처(어머니의 품, 요람, 모유)
- 印綬(도장 인, 인끈 수) : 끈, 도장, 문서, 표창, 졸업장, 증권
- 근면, 성실, 정직, 자비, 사랑의 신(모성애), 교육과 인격. 印(인)은 仁(인)과 같다.

인성이 吉(길)하면
좋은 스승을 만난다. 교사가 많다.
시험운이 좋다.
성품이 仁하다.
관인상생하면 吉(길)하고 고위직이다.
근면, 성실, 정직, 자비, 사랑

인성이 凶(흉)하면
문서가 흉하면 관재송사가 있다.
부모덕이 없다.
공부를 안한다.
인성이 많아 흉이 되면 기숙사 생활을 권유한다.
헛된 공부만 한다.

我(본인) : 나, 일간, 본원

나는 어떤 운명으로 태어났을까? 내가 어떤 환경을 가지고 있는가?

比劫(比肩, 劫財) : 형제자매, 친구, 직장동료

- 견줄 사람이 많다. → 경쟁자가 많다. 사회성이 좋다.
- 도움 받기도 하고 뺏기기도 한다.
- 경쟁에서 이기려고 하는 성향
- 친구가 많다. → 정보가 빠르다. 교통이나 국방 쪽에서 일하면 좋다.

食傷(食神, 傷官) : 나에게서 분출, 빠져나가는 것

■ 자식, 언행, 대소변, 땀, 아이디어 창출, 창의력, 솜씨, 운동능력, 예체능

印(인) : 지식	我(나)	食傷(식상) : 언행
입력	→	출력 : 창작활동, 창의력

■ 식상이 吉(길) 하면 : 자기 활동의 꽃

■ 육친을 참고사항이라고 하는 이유 이해하기

- 傷官(다칠 상, 관청 관)은 "관을 다친다." 하여 좋지 않다고 생각 한다.

  상관이 좋은 경우가 많다.

	일간	상관	
◎	乙	丙	◎
◎	◎	◎	◎

- 일간인 乙木 입장에서 丙火는 상관이 되는데, 乙木은 丙火를 좋아하고 丙火도 乙木을 키워 주니 서로 만족하는 관계가 되므로, 상관이라고 다 나쁜 것이 아니고 사주 구성에 따라 다르다.

  * "식신은 좋고 상관은 나쁘다."라는 생각을 버려야 한다. 상황에 따라 다르다.

財(偏財, 正財) : 아내, 돈

■ 육친을 참고사항이라고 하는 이유 이해하기

- 육친에서 財(재)가 없으면 돈과 아내가 없다? 그렇지 않다. 육친으로만 해석하면 안된다.

  육친으로만 보면 한 측면만을 보게 되며, 전체의 조화와 균형을 파악하기 어렵다.

  육친을 참고하여 사주 전체의 조화와 균형을 살피는 것이 중요하다.

- 육친에서는 편재보다 정재를 더 좋게 평가할 수도 있다.

예 편재가 정재보다 더 좋다.

◎	甲 (일간)	己 (정재)	◎
◎	◎	◎	◎

◎	乙 (일간)	己 (편재)	◎
◎	◎	◎	◎

- 甲木(+) 입장에서 己土(-)는 정재인데, 甲木은 己土를 반겨하지 않는다.
- 그 이유는 甲己合化土로 甲木이 자기 본성을 버리고 土로 변질되기 때문이다.

■ 육친이 참고사항이라고 한다면 사주에서 중요한 것은?

- 바로 用神(용신)이며, 용신은 사주를 조화(조절) 시키는 神(신)이다.
- 용신은 조후용신, 억부용신, 통관용신이 있는데 그 중에 조후용신이 으뜸이다.

  조후를 잘 살펴야 하며, 조후는 한난조습으로 水와 火의 문제이다.

  즉 사주가 차가운지, 따뜻한지, 건조한지, 습한지를 살펴서 用神을 찾는 것이다.

  * 한난조습 : 寒(찰 한), 暖(따뜻할 난), 燥(마를 조), 濕(젖을 습)

官(偏官, 正官) : 남편(아내 입장), 자식(아버지 입장), 직장, 직위, 최고의 희망

■ 官이 吉 작용 : 국가기관이 내 편, 국비생

■ 官이 凶 작용 : 국가기관이 형벌

■ 官이 유력한 女의 경우 : 남편이 고위직 * 남편의 광명 = 부인의 광명

■ 官이 약한 女의 경우 : 남편이 하위직

강의 마무리

- 효명작명은 물상론 중 생명론을 중심으로 강의하고 있으며, 생명론은 木이 주인공(주체)이다.
- 생명체(木)는 천간에서는 甲乙, 지지에서는 寅卯이다. 예외로 金도 생명체로 보는 경우가 있는데,

  이는 사주 구성에서 金이 열매나 씨로 해석이 되는 경우이다.

  오행 중에서 木만이 생명을 가지고 있으며 木이 다치지 않아야 한다.

  일간이 木이 아니더라도 木이 다치면 내가 다치는 것과 같다.
- 항상 木의 향방을 살펴야 한다.

  대운이나 세운에서 木이 들어오면 木의 길흉을 잘 살펴서 작명에 참고해야 한다.

핵심요약 1

음양오행, 천간 지지, 합(合)과 충(沖)

학습목표 음양오행, 천간 지지, 합과 충에 대해 알아보기

五行(오행) 알아보기

五行(오행) : 木火土金水(목화토금수)

오행	木		火		土		金		水	
천간	甲	乙	丙	丁	戊	己	庚	辛	壬	癸
부수	木	禾, 艹	日	火, 灬	山, 土, 阝, 口	田	金, 石	玉	水, 氵	雨
음양	+	−	+	−	+	−	+	−	+	−
의미	교목, 큰 나무	관목, 곡식, 꽃, 약초	태양, 빛에너지	지열, 인공 열, 열에너지	큰 토, 산, 건토	작은 토, 농토, 습토	큰 돌, 큰 쇠, 곡식	작은 돌, 보석, 칼, 낫, 곡식	큰물, 땅의 물, 호수	작은 물, 하늘의 물, 비

相生(상생)과 相克(상극) 알아보기

相生(상생)
목생화 → 화생토 → 토생금 → 금생수 → 수생목

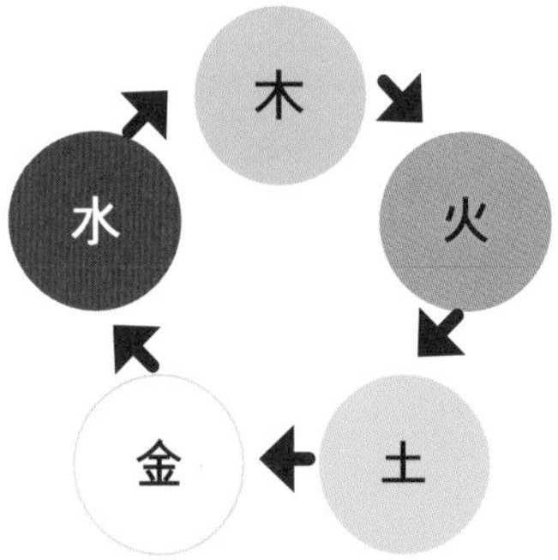

相克(상극)
목극토 → 토극수 → 수극화 → 화극금 → 금극목

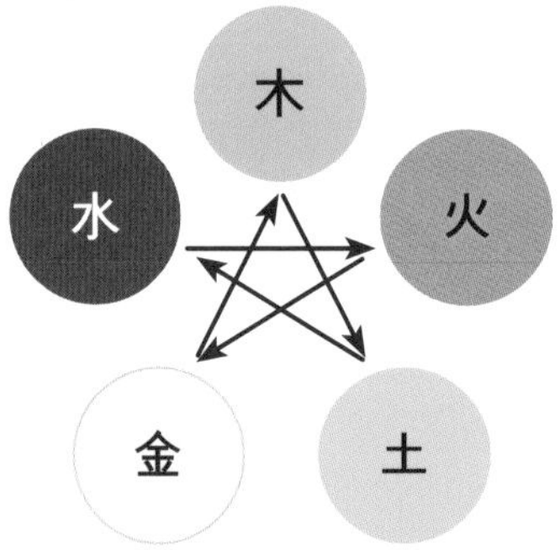

天干(천간) 알아보기

1. 天干(천간) : 甲乙丙丁戊己庚辛壬癸(갑을병정무기경신임계)

2. 천간의 五陽干(오양간)과 五陰干(오음간)

- 五陽干(오양간) : 甲, 丙, 戊, 庚, 壬
- 五陰干(오음간) : 乙, 丁, 己, 辛, 癸

3. 천간합 : 천간의 음(−)과 양(+)이 만나 새로운 오행이 탄생하는 것

- 甲己合化土(갑기합화토) : 甲木과 己土가 만나 새로운 오행 土가 된다.
- 乙庚合化金(을경합화금) : 乙木과 庚金이 만나 새로운 오행 金이 된다.
- 丙辛合化水(병신합화수) : 丙火와 辛金이 만나 새로운 오행 水가 된다.
- 丁壬合化木(정임합화목) : 丁火와 壬水가 만나 새로운 오행 木이 된다.
- 戊癸合化火(무계합화화) : 戊土와 癸水가 만나 새로운 오행 火가 된다.

甲己合化土(갑기합화토)	土	황색
乙庚合化金(을경합화금)	金	백색
丙辛合化水(병신합화수)	水	흑색
丁壬合化木(정임합화목)	木	청색
戊癸合化火(무계합화화)	火	적색

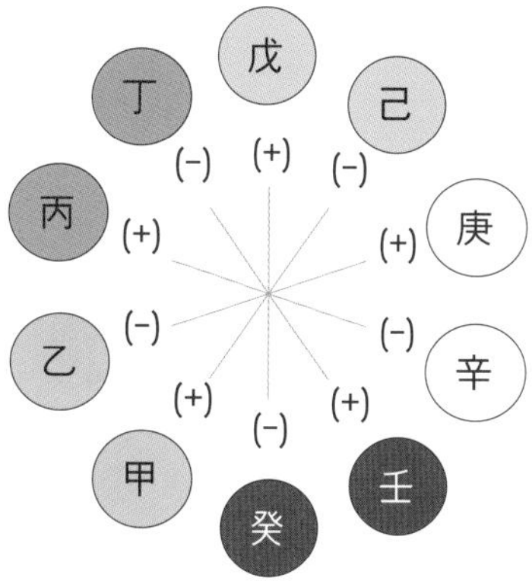

4. 천간의 陽沖(양충)과 陰沖(음충)

陽沖(양충)

- 양(+)끼리의 충
- 시계 방향으로 일곱 번째 충(7충)

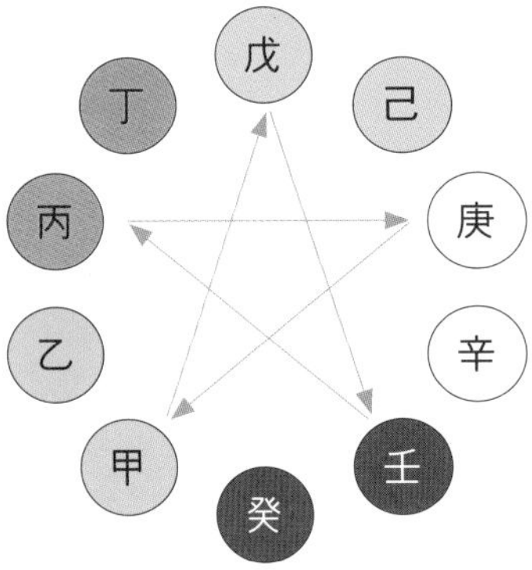

庚甲沖 (경갑충)	금극목	甲에서 시작하여 시계방향으로 일곱 번째 庚
丙庚沖 (병경충)	화극금	庚에서 시작하여 시계방향으로 일곱 번째 丙
壬丙沖 (임병충)	수극화	丙에서 시작하여 시계방향으로 일곱 번째 壬
戊壬沖 (무임충)	토극수	壬에서 시작하여 시계방향으로 일곱 번째 戊
甲戊沖 (갑무충)	목극토	戊에서 시작하여 시계방향으로 일곱 번째 甲

陰沖(음충)

- 음(-)끼리의 충
- 반 시계 방향으로 일곱 번째 충(7충)

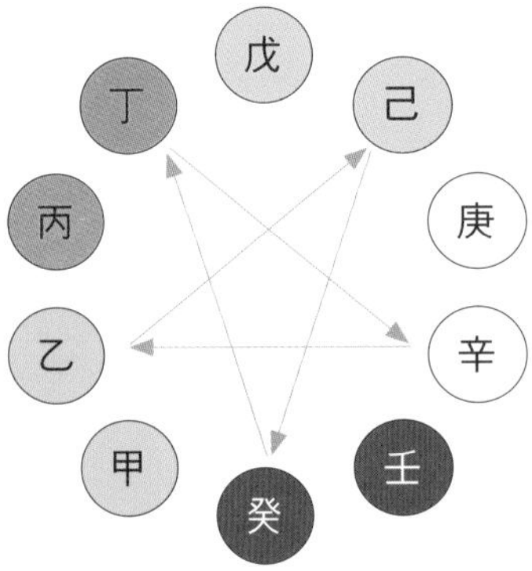

乙己沖 (을기충)	목극토	乙에서 시작하여 반시계 방향으로 일곱 번째 己
己癸沖 (기계충)	토극수	己에서 시작하여 반시계 방향으로 일곱 번째 癸
癸丁沖 (계정충)	수극화	癸에서 시작하여 반시계 방향으로 일곱 번째 丁
丁辛沖 (정신충)	화극금	丁에서 시작하여 반시계 방향으로 일곱 번째 辛
辛乙沖 (신을충)	금극목	辛에서 시작하여 반시계 방향으로 일곱 번째 乙

地支(지지) 알아보기

1. 地支(지지) : 寅卯辰巳午未申酉戌亥子丑(인묘진사오미신유술해자축)

春			夏			秋			冬		
1월	2월	3월	4월	5월	6월	7월	8월	9월	10월	11월	12월
寅	卯	辰	巳	午	未	申	酉	戌	亥	子	丑
木	木	濕土	火	火	乾土	金	金	乾土	水	水	濕土
孟月	仲月	季月	孟月	仲月	季月	孟月	仲月	季月	孟月	仲月	季月
호랑이	토끼	용	뱀	말	양	원숭이	닭	개	돼지	쥐	소

2. 맹월, 중월, 계월로 지지를 나누어 보기

孟月(맹월)	계절의 첫 달	寅 (1월)	申 (7월)	巳 (4월)	亥 (10월)
仲月(중월)	계절의 가운데 달	子 (11월)	午 (5월)	卯 (2월)	酉 (8월)
季月(계월)	계절의 끝 달	辰 (3월)	戌 (9월)	丑 (12월)	未 (6월)

- 孟月(맏 맹, 달 월) / 각 계절의 첫 달 / 寅申巳亥
- 仲月(버금 중, 달 월) / 각 계절의 가운데 달/ 子午卯酉
- 季月(끝 계, 달 월) / 각 계절의 끝 달 / 辰戌丑未

음(-) & 양(+)으로 알아보는 천간과 지지의 관계

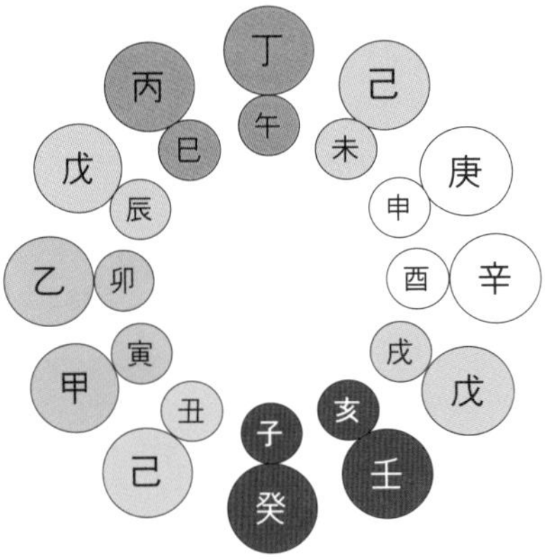

양(+)	음(-)
甲寅木	乙卯木
丙巳火	丁午火
戊辰土	己丑土
戊戌土	己未土
庚申金	辛酉金
壬亥水	癸子水

음(-)과 양(+)으로 알아보는 土

戊 (+)
↙ ↘
辰 — 습토(癸)
戌 — 건토(丁)

己 (-)
↙ ↘
丑 — 습토(癸)
未 — 건토(丁)

方合(방합) : 방위끼리의 합

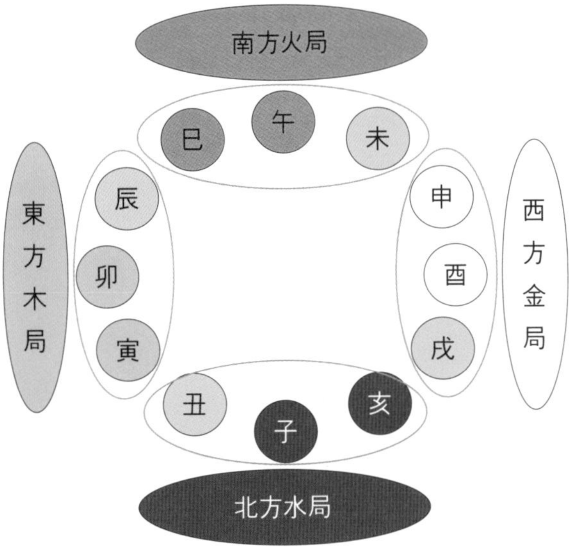

東方(동방)	1월 寅	2월 卯	3월 辰	寅卯辰木局(인묘진목국)
南方(남방)	4월 巳	5월 午	6월 未	巳午未火局(사오미화국)
西方(서방)	7월 申	8월 酉	9월 戌	申酉戌金局(신유술금국)
北方(북방)	10월 亥	11월 子	12월 丑	亥子丑水局(해자축수국)

12運星(운성)

生浴帶(생욕대)	祿旺衰(녹왕쇠)	病死墓(병사묘)	絶胎養(절태양)
앞 계절	자기 계절	다음 계절	반대 계절

- 앞 계절은 항상 생욕대이다.
- 자기 계절은 항상 녹왕쇠이다.
- 다음 계절은 항상 병사묘이다.
- 반대 계절은 항상 절태양이다.

강의 마무리

- 愚公移山(우공이산) : 우공이 산을 옮긴다.

  쉬지 않고 꾸준하게 한 가지 일만 열심히 하면 마침내 큰 일을 이룰 수 있다.

핵심요약 2

삼합과 반합, 지지육합, 지지충, 지장간

학습목표 삼합과 반합, 지지육합, 지지충과 지장간 요점 정리해 보기

三合(삼합)

- 삼합이란? 생왕묘를 이은 3개의 합이다.
- 앞 계절의 맹월에서 시작하여 자기 계절의 중월에 와서 다음 계절의 계월을 잇는다.

1. 亥卯未木局(**해묘미목국**)

- 앞 계절의 맹월인 亥에서 시작하여 자기 계절인 중월 卯로 와서
  다음 계절인 계월 未를 이으면 생왕묘가 되고 해묘미목국이 된다.
- 해묘미목국이 되면 木氣가 강해진다.

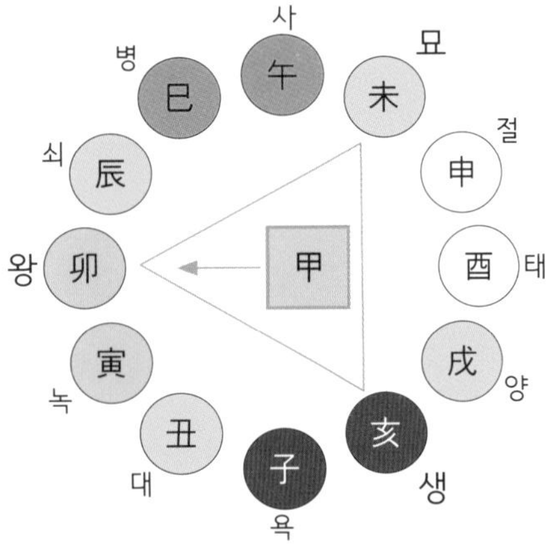

생	왕	묘					
亥	卯	未	木	局	甲	乙	木
甲	乙	乙					

해묘미목국 갑을목 / 해갑목 묘을목 미을목

2. 寅午戌火局(**인오술화국**)

- 앞 계절의 맹월인 寅에서 시작해서 자기 계절인 중월 午로 와서 다음 계절인 계월 戌로 이으면 생왕묘가 되고 인오술화국이 된다.

■ 인오술화국이 되면 火氣가 강해진다.

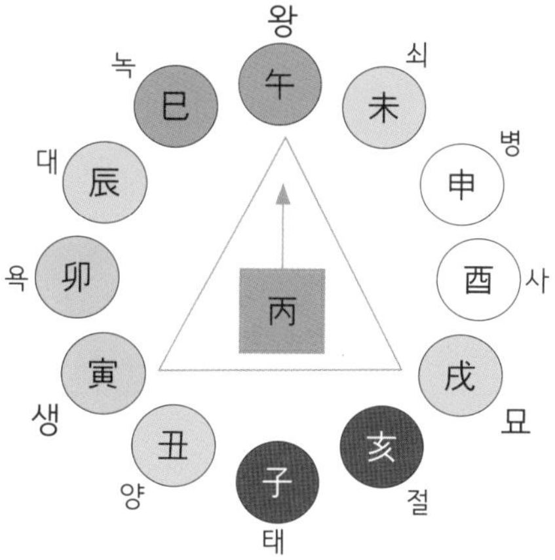

생	왕	묘					
寅	午	戌	火	局	丙	丁	火
丙	丁	丁					

인오술화국 병정화 / 인병화 오정화 술정화

3. 巳酉丑金局(사유축금국)

■ 앞 계절의 맹월인 巳에서 시작하여 자기 계절인 중월 酉로 와서 다음 계절인 계월 丑으로 이으면 생왕묘가 되고 사유축금국이 된다.

■ 사유축금국이 되면 金氣가 강해진다.

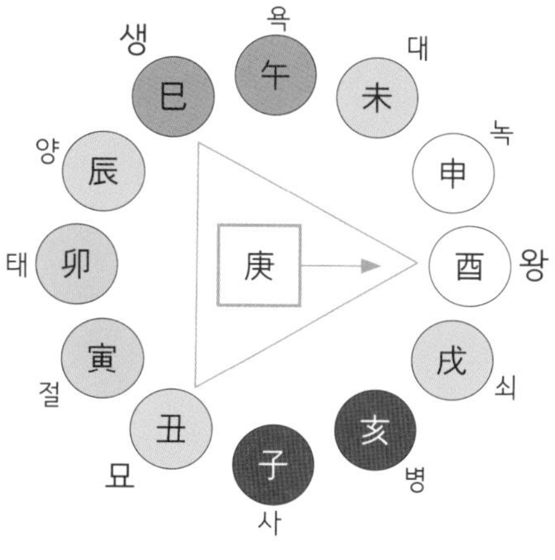

생	왕	묘					
巳	酉	丑	金	局	庚	辛	金
庚	辛	辛					

사유축금국 경신금/ 사경금 유신금 축신금

4. 申子辰水局(신자진수국)

■ 앞 계절의 맹월인 申에서 시작하여 자기 계절인 중월 子로 와서 다음 계절인 계월 辰으로 이으면 생왕묘가 되고 신자진수국이 된다.

■ 신자진수국이되면 水氣가 강해진다.

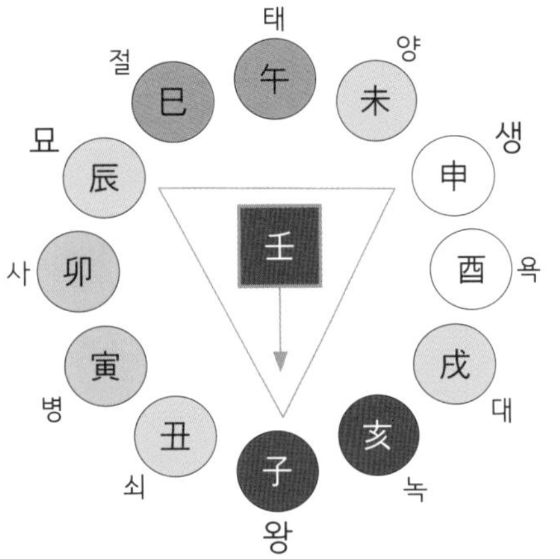

신자진수국 임계수 / 신임수 자계수 진계수

*** 맹월/ 중월 / 계월 요점정리**

孟月(맹월)	인신사해 / 각 계절의 첫 달 / 장생
仲月(중월)	자오묘유 / 각 계절의 가운데 달 / 제왕 / 기운이 가장 강한 달
季月(계월)	진술축미 / 각 계절의 끝 달 / 묘 / 환절기 / 土月

半合(반합)

■ 삼합에서 두 개만 합하는 것을 반합이라고 한다.

■ 반합도 삼합 못지않게 합해지면 에너지가 있다.

예 亥卯未木局에서 亥卯만 만나도 반합으로 木局이며, 亥未만 만나도 반합으로 木局이 되고, 卯未가 되어도 반합으로 木局이 된다. 단, 떨어져 있으면 반합이 아니다.

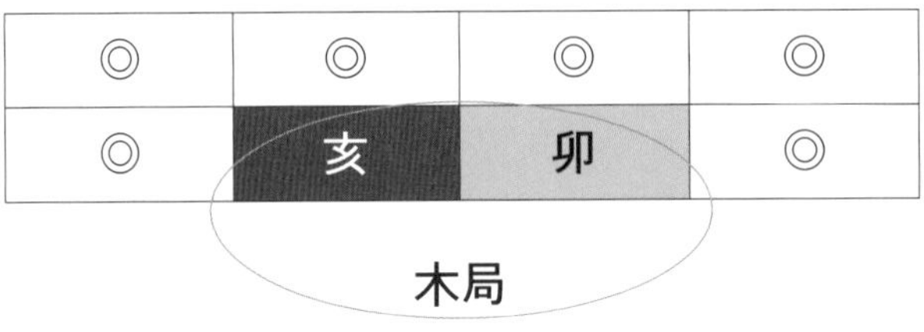

地支六合 (지지육합)

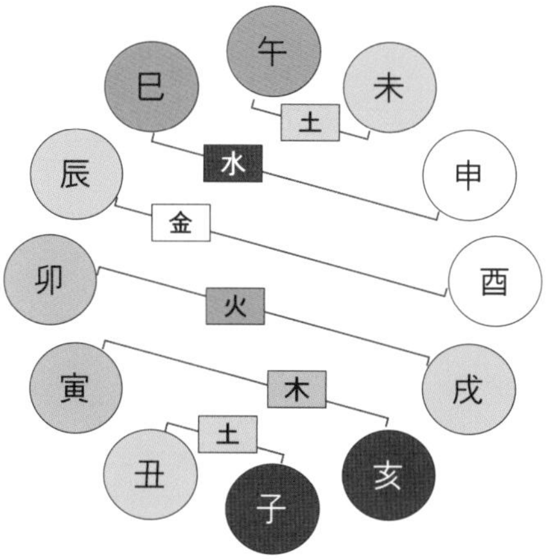

※ 중요! 공식처럼 외우기

子	丑	土	자축토
寅	亥	木	인해목
卯	戌	火	묘술화
辰	酉	金	진유금
巳	申	水	사신수
午	未	土	오미토

地支沖 (지지충)

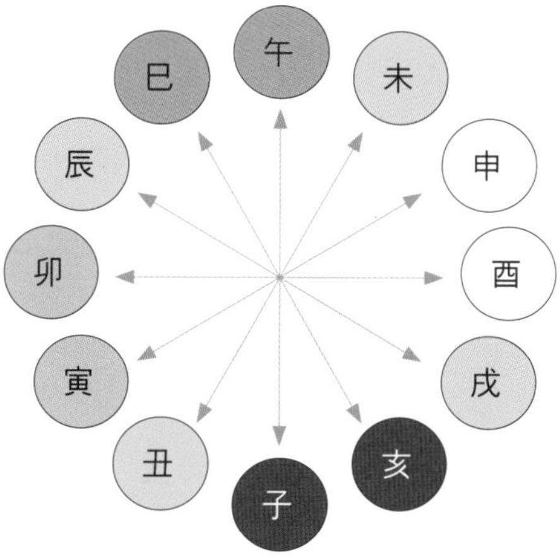

※ 중요! 공식처럼 외우기

子	午	沖	자오충
丑	未	沖	축미충
寅	申	沖	인신충
卯	酉	沖	묘유충
辰	戌	沖	진술충
巳	亥	沖	사해충

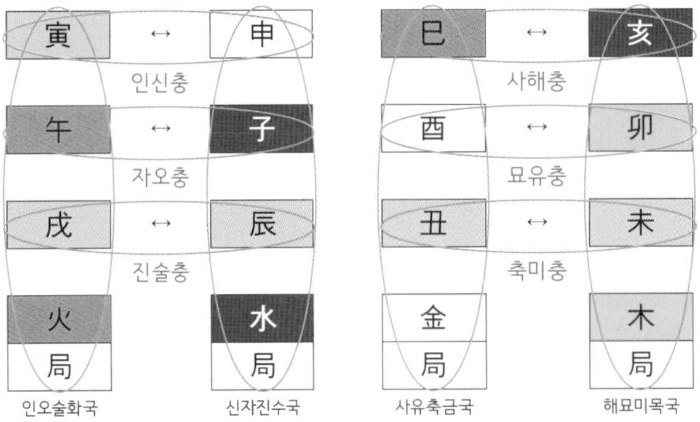

長生(장생) : 인신사해

帝旺(제왕) : 자오묘유

墓(묘) : 진술축미

※ 長生(장생)간의 충보다 帝旺(제왕) 충이 더 강하다.

支藏干(지장간)

- 餘氣(여기) : 지난달에서 넘어온 기운
- 中氣(중기) : 삼합의 祿(녹)
- 本氣(본기) : 자기 기운

支 藏 干

계절	春			夏			秋			冬		
월(음)	1월	2월	3월	4월	5월	6월	7월	8월	9월	10월	11월	12월
地支	寅	卯	辰	巳	午	未	申	酉	戌	亥	子	丑
餘氣	戊	甲	乙	戊	丙 己	丁	戊	庚	辛	戊	壬	癸
中氣	丙	◎	癸	庚	◎	乙	壬	◎	丁	甲	◎	辛
三合	寅午戌火局		申子辰水局	巳酉丑金局		亥卯未木局	申子辰水局		寅午戌火局	亥卯未木局		巳酉丑金局
本氣	甲	乙	戊	丙	丁	己	庚	辛	戊	壬	癸	己

장생월	
지지	지장간
寅	戊丙甲
申	戊壬庚
巳	戊庚丙
亥	戊甲壬

제왕월	
지지	지장간
子	壬 癸
午	丙己丁
卯	甲 乙
酉	庚 辛

묘월	
지지	지장간
辰	乙癸戊
戌	辛丁戊
丑	癸辛己
未	丁乙己

- 장생월 寅申巳亥는 餘氣(여기)가 모두 戊土이다.
- 제왕월은 중기가 없고 자기 기운만 있다.
- 예외로 午는 己土를 가지고 있는데 午月의 己土는 여름을 지낼 수 있게 한다.
- 墓月(묘월)은 모두 土月이다.

강의 마무리

- 기초 명리의 꽃인 지장간은 꼭 외우자.

쉼터

榮枯盛衰

月滿則缺하고

物盛則衰니라

달은 차면 기울고

만물은 번성하면 쇠잔해지니라

出典 : 史記

4단원

한자 자원오행(漢字 字源五行)
· 한난조습(寒暖燥濕)

10天干의 한자 자원오행과 한난조습은 작명(作名)과 직결된다.
한난조습은 조후(調候)를 주관하는 요체이다.
첫째로 수화(水火)가 양대산맥이 되고, 두 번째로 진술축미(辰戌丑未)인
건토와 습토가 계절별로 조후의 주축이 되어
木이 생장화수장(生長化收藏)하는 절대적 환경을 이룬다.
일간(日干)이 생명체인 목(木)이 아니더라도
목(木)을 살리는 방향으로 간명하고 작명하자.
생명론의 핵심이다.

17강 자원오행 1 甲乙木

학습목표 甲木 乙木에 알아보기 / 작명 시 甲木 乙木 구분 할 줄 알기

작명의 세가지 요건

1. 자원오행(字源五行)

- 한자의 부수에 따른 글자가 내포하고 있는 의미에 따라 오행을 구분한다.
- 작명할 때 한자 자원오행이 가장 중요하므로 한자 자해를 잘할 줄 알아야 한다.

2. 수리오행: 이름 석자의 획수를 따져 길흉을 분석

3. 발음오행(음령오행, 소리오행): 한글 발음으로 오행을 구분한다.(훈민정음 해례본 의거)

木 알아보기

甲骨文(갑골문)

金文(금문)

小篆(소전)

- 나무 목
- 오행 중에 나무(木)만이 생명체이다.
- 소전체에서 木을 보면 가지와 잎보다 뿌리가 더 크다. (뿌리의 중요성)
- 초목이 뿌리가 중요한 것처럼 사람도 뿌리가 중요하다.
- 오장육부에서 뿌리에 해당하는 것은 신장/방광이다. (하초)

甲木 乙木 알아보기

<table>
<tr><th>木</th><th colspan="4">甲</th><th colspan="4">乙</th></tr>
<tr><td rowspan="3">특징</td><td colspan="4">위로 곧게 자란다. 喬木(교목)</td><td colspan="4">구불구불 자란다. 灌木(관목)</td></tr>
<tr><td colspan="4">소나무, 느티나무, 참나무</td><td colspan="4">꽃, 곡식, 약초, 등나무</td></tr>
<tr><td colspan="4">동량지목으로 사용</td><td colspan="4">잡초, 덩굴초, 선인장</td></tr>
<tr><td>성격</td><td colspan="4">리더쉽, 대범, 진취적, 책임감</td><td colspan="4">선량, 인자, 창의력, 예체능</td></tr>
<tr><td>부수</td><td colspan="4">木(나무 목)</td><td colspan="2">++(풀 초)</td><td colspan="2">禾(벼 화)</td></tr>
<tr><td rowspan="2">대표
작명한자</td><td>林</td><td>森</td><td>松</td><td>材</td><td>華</td><td>花</td><td>穆</td><td>秀</td></tr>
<tr><td>수풀 림</td><td>빽빽할
삼</td><td>소나무
송</td><td>재목 재</td><td>빛날 화</td><td>꽃 화</td><td>화목할
목</td><td>빼어날
수</td></tr>
<tr><td>陰陽
(음양)</td><td colspan="4">+ (양)</td><td colspan="4">- (음)</td></tr>
<tr><td rowspan="3">五常
(오상)</td><td colspan="2" rowspan="3">仁</td><td colspan="6">木을 가진 사람들은 인(仁)하다.</td></tr>
<tr><td colspan="6">착하다. 어질다. 남을 사랑할 줄 안다.</td></tr>
<tr><td colspan="6">오행 중에서 甲乙木만 생명을 가지고 있다.</td></tr>
</table>

작명할 때 주의점

- 土가 많고 木(나무)이 없는 경우
  - 큰 땅이나 큰 산에는 큰 나무가 있어야 한다. 甲木이 있어야 한다.
  - 이름자에 나무(甲木)를 넣어 부족한 에너지를 보완하는 작명을 한다.

  예 林(수풀 림), 森(빽빽할 삼), 材(재목 재)
- 甲木을 써야 하는데 乙木을 쓴다면 좋은 작명이 아니다.

강의 마무리

- 작명할 때 甲木과 乙木은 많은 차이가 있으므로 꼭 구분할 줄 알아야 한다.

18강 자원오행 2 丙丁火

학습목표 丙火 丁火에 대해 알아보기. 작명 시 丙火 丁火 구분 할 줄 알기

火 알아보기

甲骨文(갑골문) 金文(금문) 小篆(소전)

- 불 화
- 불꽃이 타오르는 모양

丙火 丁火 알아보기

火	丙				丁			
특징	태양(해), 빛 에너지				촛불, 난로불, 온돌, 지열, 용광로, 열 에너지			
성격	밝음, 명랑, 독립적, 예의				배려, 헌신, 예의, 다정다감			
부수	日(날 일)				火(불 화), 灬(불화 발)			
대표 작명 한자	明	景	旴	晉	爀	炷	營	熙
	밝을 명	별 경	해 돋을 우	나아갈 진	빛날 혁	심지 주	경영할 영	빛날 희
陰陽(음양)	+ (양)				- (음)			
五常(오상)	禮		解 제기에 풍성하게 곡식(재물)을 올려놓고 신에게 제사를 지낸다.					
			火氣가 강하면 정신수양자가 많다. 종교인, 철학자					
			신전에 불을 밝힌다. 火 = 禮					

작명할 때 주의점

■ 丙火와 丁火는 많은 차이가 있으므로 꼭 구분할 줄 알아야 한다.

■ 丙火를 써야 하는데 丁火를 쓰면 안 된다.

■ 丁火를 써야 하는데 丙火를 쓰면 안 된다.

■ 조열한 사주에 丁火가 강한 한자를 쓰면 대흉이다.

예 爀(빛날 혁), 熙(빛날 희)

조열한 사주에 이름까지 이런 한자를 쓰게 되면 엎친 데 덮친 격이다.

강의 마무리

■ 바른 작명은 부족한 에너지는 보충해 주고, 과한 에너지는 빼 주어서 보완해야 한다. 그러므로 이름자는 본인에게 필요한 한자 자원오행이 꼭 들어가야 한다.

19강 자원오행 3 戊己土 - 1

학습목표 戊土 己土 알아보고 건토와 습토 구분하기

土 알아보기

甲骨文(갑골문) 金文(금문) 小篆(소전)

- 土 = 屮(싹) + 一(땅) 解 땅 위에서 싹이 남
- 남근의 모양. 예 牡(수컷 모)
- 흙으로 쌓은 제단
- 十(열 십, 세상이 열린다.) + 一(또 하나의 새로운 세상이 열린다.)
- 동서남북이 결정되면 중앙은 자동으로 결정된다. → 중앙토

작명 시 阝, 氵 부수의 획수에 대해

* 작명 한자 획수는 한자 부수에 따르므로 옥편에 나온 획수와는 다르다.

1. 阝(언덕 부, 3획) 부수가 작명 할 때는 몇 획으로 쓰일까?

좌부변(阝) 阜 8획

우부방(阝) 邑 7획

- 阜(언덕 부)는 8획이므로 작명 시 획수는 부수자 阜의 획수(8획)로 사용한다.

예 陸(뭍 륙) 경우 옥편의 획수는 11획이나 작명 시에는 16획으로 한다.

- 邑(고을 읍)은 7획이므로 작명 시 획수는 부수자 邑의 획수(7획)로 사용한다.

예 鄭(나라 정) 경우 옥편의 획수는 15획이지만, 작명 시에는 19획으로 사용한다.

2. 氵(물 수 변, 3획) 부수가 작명 할 때는 몇 획으로 쓰일까?

水(물 수 4획) = 氵(물 수 변 3획)

- 水(물 수)가 4획이므로 작명 시 획수는 水의 획수(4획)로 사용한다.

戊土 己土 알아보기

<table>
<tr><th>土</th><th colspan="4">戊</th><th colspan="4">己</th></tr>
<tr><td>특징</td><td colspan="4">큰 토, 큰 산, 대로, 건토,
표면토, 고속도로, 언덕, 고을</td><td colspan="4">작은 땅, 습토, 논, 밭, 들, 이면토, 소로</td></tr>
<tr><td>성격</td><td colspan="4">굳센 의지, 넓은 마음</td><td colspan="4">안정적, 신중, 보수적</td></tr>
<tr><td rowspan="3">부수</td><td colspan="4">土(흙 토), 山(뫼 산), 口(에울 위)</td><td colspan="4" rowspan="3">田(밭 전)</td></tr>
<tr><td colspan="4">阜(阝)언덕 부 (좌부변)</td></tr>
<tr><td colspan="4">邑(阝)고을 읍 (우부방)</td></tr>
<tr><td rowspan="2">대표
작명한자</td><td>圭</td><td>峻</td><td>園</td><td>鄭</td><td>周</td><td>甫</td><td>振</td><td>留</td></tr>
<tr><td>영토 규</td><td>높을 준</td><td>동산 원</td><td>나라 정</td><td>두루 주</td><td>클 보</td><td>떨칠 진</td><td>머무를 류</td></tr>
<tr><td>陰陽
(음양)</td><td colspan="4">+ (양)</td><td colspan="4">- (음)</td></tr>
<tr><td rowspan="2">五常
(오상)</td><td colspan="2" rowspan="2">信</td><td colspan="6">土는 중앙토이다.</td></tr>
<tr><td colspan="6">土의 기운이 필요한 이름에 '信'을 쓰는 경우,
이름자 중앙에 오면 좋다.
예 普信閣(보신각), ○信○</td></tr>
</table>

작명할 때 주의점

1. 한 여름생의 뜨거운 사주

- 수극화로 火를 제압하는게 좋을까? 화생토로 火를 빼주는게 더 좋을까?

  화생토로 火를 빼주는 것이 더 좋으며, 습토로 열을 빼주어야 한다.

  ㉞ 습토 한자 : 周(두루 주), 甫(클 보), 振(떨칠 진), 留(머무를 류(유))

2. 건토와 습토를 잘 구분하여 작명 해야 한다.

- 건토인 戊土는 방수, 방풍, 보온, 제습의 역할을 한다. 水가 병인 사주에는 건토를 넣는다.
- 습토는 火氣를 흡수한다. 火가 많아 조열한 사주에는 습토를 넣어 작명한다.

강의 마무리

- 건토와 습토의 차이를 잘 알고 작명하자.

20강 조후 – 한난조습(寒暖燥濕)

학습목표 "사주에서 가장 중요한 것이 조후이며, 조후는 한난조습이다." 이해하기

調候(조후) 字解(자해)

調候(조후) : 날씨(기후, 계절)가 조화롭게 되었는지 살펴 본다.

- 調(고를 조) = 言(말씀 언) + 周(두루 주)

  解 말을 두루두루 고르게 한다. 균형이 조화롭게 잡혀 있다.

- 候(날씨 후, 기후 후) = 侯(과녁 후, 제후 후) + ㅣ(마음의 안정을 세움)

  解 궁사가 과녁을 향해 화살을 쏠 때 날씨(기후)를 살피고 마음의 안정을 세워야 한다.

조후란 대체 무엇일까?

- 조후는 기후(寒暖燥濕 : 한난조습)를 분별하는 것이다.
- 한난조습을 분별하는 것이 조후용신이다.
- 용신중에서도 조후용신이 가장 으뜸이다.

寒暖燥濕(한난조습) 字解(자해)

- 寒(찰 한) = 寒(틈 하) + 冫(얼음 빙)

  解 흙을 바르지 않은 그 틈으로 찬바람이 들어온다. 춥다.

- 暖(따뜻할 난) = 日(날 일) + 爰(끌어당길 원)

  解 햇빛을 끌어당겨 따뜻하다.

■ 燥(마를 조) = 火(불 화) + 喿(새 떼지어울 소)

解 불에 바짝 마른 장작 타는 소리가 시끄럽다.

■ 濕(젖을 습) = 水(물 수) + 㬎(누에고치 현)

解 누에고치에서 실을 뽑을 때 물에 넣어야 끊어지지 않게 실을 뽑을 수 있다.

한습 · 한냉 구분

■ 寒濕(한습) = 金 + 水 + 습토

사주에 金과 水가 많고 습토가 같이 있으면 한습 사주이다.

■ 寒冷(한냉) = 金 + 水

사주에 습토는 없고 金과 水만 많을 때 한냉 사주이다.

寒暖燥濕(한난조습)은 간단히 水와 火의 문제

水

寒(한) 濕(습)

火

暖(난) 燥(조)

寒(찰 한)	金, 水가 많을 때 寒(한) 사주이다.
暖(따뜻할 난)	火 기운이 적당할 때 "사주가 중화되었다." 라고 한다.
燥(마를 조)	火가 많고 건토(戊土, 未土, 戌土)가 있을 때 조열사주이다.
濕(젖을 습)	습토(己土, 辰土, 丑土)가 있을 때 濕(습)사주이다.

강의 마무리

- 조후는 한난조습이다. 寒暖燥濕(한난조습)중에서 暖燥(난조)는 火의 문제이며, 寒濕(한습)은 水의 문제로 크게 나누어 진다.
- 용신중에 조후용신이 가장 중요하며, 조후는 五行으로 한난조습(水, 火)을 분별해야 한다.

21강 자원오행 3 戊己土 - 2

학습목표 水와 火의 조후가 중요시 되는 이유를 찾고, 건토 습토의 역할 알기

水와 火가 사주에서 중요시 되는 이유 알아보기

水	寒(한), 濕(습)
火	暖(난), 燥(조)

→ **調候 (조후)**

水 → 寒(한), 濕(습)

水

金 —金生水→ 水

천간	庚	辛	
지지	申	酉	
방합	申	酉	戌
삼합	巳	酉	丑

천간	壬	癸	
지지	亥	子	
방합	亥	子	丑
삼합	申	子	辰

火 → 暖(난), 燥(조)

火

木 —木生火→ 火

천간	甲	乙	
지지	寅	卯	
방합	寅	卯	辰
삼합	亥	卯	未

천간	丙	丁	
지지	巳	午	
방합	巳	午	未
삼합	寅	午	戌

水	寒(찰 한) 사주	金과 水가 많은 사주
	濕(젖을 습) 사주	水와 습토가 많은 사주
火	暖(따뜻할 난) 사주	丙火가 적당해서 따뜻한 사주
	燥(마를 조) 사주	丁火와 건토가 많은 사주

사주에 土가 없다면?

- 木(仁)은 어떤 현상이 일어날까?
  - 뿌리를 내릴 수 없다. 생명이 태어나고 자랄 수 없다.
  - 지장간에도 木(생명체)이 없는 사주는 貴(귀)가 부족한 편이다.
- 火(禮)는 어떤 현상이 일어날까?
  - 土는 열을 저장하는데 土가 없다면 열을 저장할 수가 없다.
  - 열이 저장되어야 뿌리를 내리고 싹이 튼다.
- 金(義)은 어떤 현상이 일어날까?
  - 생명체를 키울 土가 없으니 결실(金)이 없다.
- 水(智)는 어떤 현상이 일어날까?
  - 土는 水路(수로)이다. 土는 水를 담는 그릇이 되는데 水를 담을 수가 없다.

한자 중에 의미상의 戊土(건토) 알아보기

- 庭(뜰 정) = 广(집 엄) + 廷(조정 정) 解 조정 일을 보는 궁궐의 넓은 뜰 → 戊土
- 序(차례 서, 담 서, 학교 서) = 广(집 엄) + 予(나 여) 解 넓은 땅 위에 지은 담이 펼쳐진 학교 → 戊土

건토와 습토가 사주에 미치는 영향

■ 겨울철에 金, 水와 습토는 흉이다. (습토 : 己土, 辰土, 丑土)

- 사주가 한랭하거나 한습해지기 때문이다.
- 한랭한 사주보다 한습 사주가 더 흉이다.
- 습토는 火氣를 흡수하므로 겨울철에는 대흉이다.

■ 겨울철에 火와 건토가 오면 길하다. (건토 : 戊土, 戌土, 未土)

- 건토는 제방을 쌓고 물길을 내어 大吉(대길)하다.

강의 마무리

■ 寒暖燥濕(한난조습)은 크게 水와 火로 나뉜다.

22강 자원오행 4 庚辛金

학습목표 庚金 辛金 알아보고, 金을 용신으로 잘 쓰지 않는 이유 찾기

金 알아보기

金文(금문)

小篆(소전)

- 쇠 금
- 金 = 今(이제 금) + 土(흙 토) + . . (광물질) 解 흙 속에 지금까지 묻힌 광물질
- 변혁의 본질 : 각종 도구로 변화시켜 쓸 수 있다.

庚金 辛金 알아보기

金	庚				辛			
특징	큰 돌, 큰 쇠, 곡식, 별				작은 돌, 작은 쇠, 자갈, 낫, 칼, 보석, 곡식, 완제품			
성격	주체성, 독립적				자존심이 강함. 예민함			
					자기 보호 능력이 강함			
					두뇌 명석, 미남 미녀, 완벽을 추구			
부수	金(쇠 금), 石(돌 석)				玉(구슬 옥)			
대표 작명한자	鎬	銀	鎭	鐘	珍	珠	珹	瑃
	호경 호	은 은	진압할 진	쇠북 종	보배 진	구슬 주	옥 이름 성	옥 이름 춘
陰陽(음양)	+ (양)				- (음)			
五常(오상)	義	義(옳을 의)= 羊(양 양) + 我(나 아) 解 나의 마음을 양같이 순하게 가진다.						

從革(종혁)

- 從革(따를 종, 고칠 혁) : 金이 金대로 있으면 쓸모가 없다. 고쳐서 써야한다.
- 鎔金成器 (녹일 용, 쇠 금, 이룰 성, 그릇 기) : 金(쇠)을 녹여서 기물을 만든다.
- 鎔金成器(용금성기)는 庚申金이 丁火를 만나는 경우뿐이다.
- 庚申金으로 용금성기를 한다. 辛酉金은 고철이 된다.

	庚金 / 申金	辛金 / 酉金
丙火	庚申金이 丙火를 만나면 빛이 나며 영광과 명예, 곧 貴(귀)가 있다.	辛金이 丙火를 만나면 丙辛合水가 되어 丙火를 못쓰게 한다. 그러나 辛金(보석)이 丙火에 빛나기도 한다.
丁火	庚申金이 丁火를 만나면 용금성기가 된다. 火克金	辛金이 丁火를 만나면 丁辛沖되어 辛金(보석)이 고철로 변해 쓸모가 없어진다.

辛金에 대한 한자를 작명에 꺼리는 이유

- 辛金은 초목(생명)을 자르거나 상처를 낸다. (금극목)

	乙 ←	辛	

辛金(칼,낫)이 乙木(화초,생명)을 자른다.
乙木은 辛金을 가장 무서워 한다.

	甲 ←	辛	

甲木(큰 나무)을 辛金으로 자르지는 못해도 상처를 준다.
손톱 밑에 가시와 같다. 고통이 따른다.

- 辛金은 丙火, 丁火의 역할을 못하게 한다.
  - 丙辛合水(병신합수) : 丙과 辛이 만나 水가 된다.
  - 丁辛沖(정신충) : 丁과 辛이 沖된다.

辛金을 用神(용신)으로 잘 쓰지 않는 이유

- 생명(초목)을 자른다.
- 丙丁火를 쓰지 못하게 한다. 丙辛合水(병신합수), 丁辛沖(정신충)
  - 이러한 이유로 辛金 부수인 玉(구슬 옥)이 들어간 玟(옥돌 민), 珉(옥돌 민), 珠(구슬 주), 珍(보배 진) 등의 한자를 작명에 쓰기가 어렵다.

예외로 辛金 부수인 "玉(구슬 옥)"이 들어간 한자를 작명에 쓰는 경우

	일간	편관	
◎	辛	丁	◎
◎	◎	巳	◎
		정관	

- 일간이 辛金이고, 신약 사주일 때
- 辛金이 약해서 丁火가 辛金을 녹이려 할 때만 용신으로 쓴다.
- 玉(구슬 옥)이 들어간 한자를 넣어 작명하여 辛金을 더 강하게 해 준다.

  예 珠(구슬 주), 珍(보배 진)

강의 마무리

- 용금성기가 가능한 金은 庚申金이다.
- 생명론에서는 庚辛金을 용신으로 잘 사용하지 않는다.

23강 자원오행 5 壬癸水, 생명론의 근원 - 1

학습목표 水는 生과 死에 관계가 있다. 생명론의 근원을 살펴 보자

老子(노자) 제8장 上善若水(상선약수) : 최고의 선은 물과 같다.

水有七德(수유칠덕) : 물은 7가지 덕을 가지고 있다.

1. 謙遜(겸손) - 낮은 곳으로 찾아 흐른다.
2. 智慧(지혜) - 막히면 돌아갈 줄 안다.
3. 包容力(포용력) - 구정물도 받아 준다. 淸濁(청탁)을 구분하지 않는다.
4. 融通性(융통성) - 어떤 그릇에도 담긴다.
5. 忍耐(인내) - 바위도 뚫는다.
6. 勇氣(용기) - 장엄한 폭포처럼 투신한다.
7. 大義(대의) - 유유히 흘러 바다를 이룬다.

水 알아보기

甲骨文(갑골문)

金文(금문)

小篆(소전)

<水 부수 종류>

- 水(물 수), 4획
- 氵(물 수 변), 3획

  - 물 수 변이 이름으로 쓰일 때 성명학에서는 氵(물 수 변)이 4획이다.

  예 江 → 6획이지만 성명학에서는 7획이다.

- 氺(밑물 수), 5획 – 어떤 글자의 밑에 올 때 예 祿(복 록), 泰(클 태)
- 兴(모로 누운 물 수), 5획 예 益(益 더할 익)

壬水 癸水 알아보기

<table>
<tr><th>水</th><th colspan="4">壬</th><th>癸</th></tr>
<tr><td>특징</td><td colspan="4">큰물, 큰 강, 호수, 땅의 물</td><td>작은 물, 비, 구름, 이슬, 안개,
서리, 눈, 하늘 물, 냇물</td></tr>
<tr><td>성격</td><td colspan="4">지혜, 총명</td><td>다정, 온화, 섬세</td></tr>
<tr><td>부수</td><td colspan="4">水(물 수), 氵(물 수 변), 氺(밑물 수)</td><td>雨(비 우)</td></tr>
<tr><td rowspan="2">대표
작명
한자</td><td>潤</td><td>洹</td><td>泰</td><td>永</td><td rowspan="2">雨(비 우)가 들어간 한자는 작명에 잘 쓰지 않는다. 癸水가 丙火를 가리고 丁癸沖하기 때문이다.</td></tr>
<tr><td>윤택할 윤</td><td>강 이름 원</td><td>클 태</td><td>길 영</td></tr>
<tr><td>陰陽
(음양)</td><td colspan="4">+ (양)</td><td>- (음)</td></tr>
<tr><td>五常
(오상)</td><td colspan="2">智</td><td colspan="3">智(지혜 지) = 知 + 日 解 해처럼 밝게 아는 지혜가 있다.</td></tr>
</table>

潤下(윤하)

潤(윤택할 윤) 下(아래 하) - 만물을 윤택하게 하고 아래로 흐른다.

水는 生死와 관계가 있다.

1. 水 → 生 (水는 生과 관계 있다.)

■ 羊水 (양수)

- 태아를 기르는 모태의 물이며, 물 중에서도 가장 큰물(羊水는 곧 洋水이다.)
- 세상을 존재하게 하는 물

■ 玄(검을 현) → 북쪽 : 水

- 玄關(현관 : 집에 처음 들어서는 곳) : 水가 처음을 관장한다는 뜻

■ 자연에서는 水生木으로 물은 木이 자랄 수 있는 근원을 가지고 있다.

2. 水 → 死 (水는 死와 관계 있다.)

■ 死 : 흑색, 북쪽 → 水

■ 死와 관련된 단어

- 저승사자 : 검은 옷을 입고 온다. 흑색 → 水
- 北邙山(북망산) : 북쪽 → 水
- 요단강 : 죽으면 건너는 강 → 水
- 黃泉(황천길) : 泉(샘 천) → 水
- 瀕死之境(빈사지경 : 거의 죽게 된 처지) : 瀕(물가 빈) → 水

강의 마무리

■ 명리학은 生과 死에 관한 공부이고, 지혜 공부이며 자연 공부이다.

24강 생명론의 근원 - 2

학습목표 水의 성질과 不用(불용) 문자 알아보기

물의 양과 성질에 관한 글자 알아보기

1. 적은 물(적은 양)

- 많은 물이 필요치 않는 경우에 사용
- 沇(시내 연, 물 졸졸 흐를 연) = 水(물 수) + 允(진실로 윤 厶+儿) : 진실한 물, 졸졸 흐르는 좋은 물

2. 큰물(많은 양)

- 존재하는 물
  - 江(강 강) = 水(물 수) + 工(만들 공) : 자연이 만든 물길. 많은 물. 양쯔강
  - 河(물 하) = 水(물 수) + 可(옳을 가) : 황하를 뜻하는 큰 강
- 존재하지는 않지만 의미상(관념상) 큰물
  - 浩(넓고 클 호) = 水(물 수) + 告(고할 고)

    解 큰물이 흐를 때 소리가 멀리까지 알려짐. 아주 크고 넓은 물
  - 法(법 법) = 水(물 수) + 去(갈 거)

    解 물이 자연의 법칙대로 흘러간다. 선악을 구별하던 해태에서 유래

不用文字(불용문자)의 예

- 冥(어두울 명, 저승 명) = 冖 (덮을 멱) +日(날 일) + 六(여섯 륙)

  : 그믐을 전후한 6일간은 달이 지구의 그늘에 덮여 어둡다.

- 溟(바다 명) = 氵(물 수) + 冥(저승 명) : 저승으로 가는 바다. 황천
- 海(바다 해) = 氵(물 수) + 每(매양 매) : 많은 물이 모여 바다를 이루었다.
- 뜻이 '바다'인 한자는 불용문자이다.
  - 바닷물(염도 3.5%)로 甲乙木이나 寅卯木을 키우기에 적당하지 않다.
  - 염분이 있는 물로 木(생명체)을 키울 수 없다. (단, 해조류 제외)
  - 간척지는 염분을 뺀 다음 농작물을 재배한다.
  - 사람은 바닷물을 먹지 못한다.

강의 마무리

- 명철한 작명가가 되려면 한자 공부와 더불어 자해 공부를 병행함이 마땅하다.
- 이것에 미숙하면 위와 같은 불용 문자를 이름에 쓰게 되는 경우가 생긴다.

25강 생명론의 근원 – 3

학습목표 인의예지신을 알아보고 仁의 중요성 이해하기

五常之德 : 仁義禮智信 → 본성, 천성 → 德(덕)

서울 사대문에서 오상지덕 찾아보기

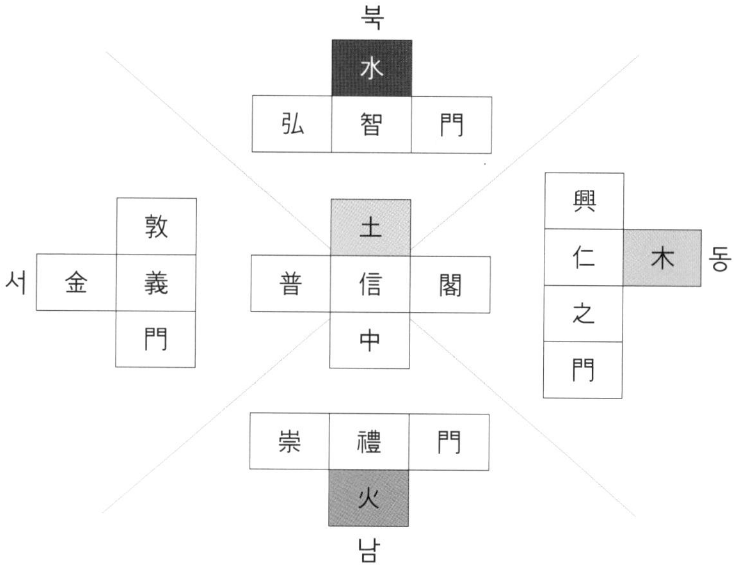

興仁之門 (흥인지문)	동	仁	인을 흥기 시킨다. 일으켜 세운다.
崇禮門 (숭례문)	남	禮	예를 숭상한다.
敦義門 (돈의문)	서	義	의를 도탑게 한다.
弘智門 (홍지문)	북	智	지혜를 크게 한다.
普信閣 (보신각)	중앙	信	보신각은 서울 사대문의 중앙에 있다.

仁 의 중요성 (木 = 仁)

- 仁이 있다면(흥기 된다면) 義禮智信(의례지신)도 있다.
  - 木은 생명체이므로 잠자고 있으면 안된다. 仁을 일으켜 세워야 한다.
- 仁이 없다면 義禮智信(의례지신)도 없다.
  - 木이 없다면 仁이 없다고 본다. 명예, 존귀함이 없다.
- 일간이 木이 아니더라도 木이 있으면 木을 보호해야 한다.
  - 생명체인 木이 다치면 내가 다치는 것과 같다.
- 辰戌丑未 지장간으로 살펴보는 생명체(木)의 생존 환경

辰	乙癸戊	乙木은 옥토에 뿌리를 내리고 산다. 환경이 좋다.
戌	辛丁戊	辛金이 있어 木을 키우기 어렵다. 자갈土이다.
丑	癸辛己	辛金이 있어 木을 키우기 어렵다. 자갈土이다.
未	丁乙己	乙木은 선인장과 같이 생명력이 강하다.

仁을 바탕으로 하지 않으면

- 金(義)은 어떤 현상이 일어날까?
  - 폭력적이다. 不義(의롭지 않음) (금극목)
- 火(禮)는 어떤 현상이 일어날까?
  - 허례허식에 치우치기 쉽다. 목생화가 되지 않기 때문에 결실을 보기 어렵다.
- 水(智)는 어떤 현상이 일어날까?
  - 냉철하며 시비가 분명하다. 사람 냄새가 안 난다.

  *水至清則無魚(수지청즉무어)하고 人至察則無徒(인지찰즉무도)라.

  물이 너무 맑으면 물고기가 살 수 없고, 사람이 너무 살피면 따르는 사람이 없다.

- 土(信)는 어떤 현상이 일어날까?
  - 仁(木)이 없는 土는 황무지 혹은 민둥산과 같다.
  - 생명체를 기르지 않기 때문에 게으르다. 우둔하다.

강의 마무리

- 생명체인 木이 가장 중요하므로, 木의 향방을 잘 살펴야 한다.
- 木을 보호해야 하며, 木이 다치면 내가 다치는 것과 같다.

26강 생명론으로 풀어보는 사주풀이

학습목표 "여름생의 壬水는 임무가 있다" 이해하기

	일간		
庚	壬	甲	辛
戌	午	午	亥

나 : 4	印	金	금2개
	比劫	水	수2개
너 : 4	食傷	木	목1개
	財	火	화2개
	官	土	토1개

- 신왕과 신약을 알아보자. 4=4일 때는 月支(월지)를 보아야 한다.
  午月의 壬水일간인데 戌土가 물을 막아서 약간 신약한 4<4 사주가 된다.
- 조후를 알아보자. 조후는 한난조습이며, 水와 火의 문제로 크게 나누어진다.
- 여름생의 가장 필요한 오행은 水이다. 일간이 壬水이다. 조후 용신은 水이며 일간이 용신이 된다.
  비겁용신이다.
- 水를 도와주는 金은 길신이다. 인성(金)이 길하다. 인성이 좋으면 공부를 잘한다.
  * 印星(인성)= 부모, 고향, 문서
- 조후용신 壬水의 뿌리는 亥水이다. 壬水와 亥水가 통근이 되어 길하다.
  亥水는 조상 자리에 있어 조상궁이 길하다.
- 戌土는 건토이며 건토는 용신 水를 극하니 흉이다.
  그러나 생명체 甲木이 뿌리를 내리려면 土가 있어야 한다.
- 庚戌 괴강은 에너지가 강하다.

- 辛亥는 두뇌가 명석하다. 亥水가 辛金을 씻어서 광채가 나게 한다.
- 이름 간명 : O 英 (O영)
  - 英(꽃부리 영) = 艹 + 央(가운데 앙)
  - 央 → "죄인이 목에 형틀을 쓰면 형틀의 한 가운데에 예리한 칼날이 있어 고개를 쳐들면 목뒤 가운데 명치 끝이 예리한 칼날에 다치게 된다." 라는 뜻의 한자이다.
  - 이러한 이유로 英(꽃부리 영)은 작명에 쓰기가 어려운 한자이다.

꽃을 나타내는 한자 중

- 열매가 맺히지 않는 꽃 : 英(꽃부리 영)
- 열매가 맺히는 꽃 : 花(꽃 화), 華(아름다울 화, 꽃 화)

강의 마무리

- 조열하거나 또는 여름생 사주의 水는 길하다. 대운이 水운으로 가면 좋다.

쉼터

師弟同行

啐啄同時 (줄탁동시)

병아리가 부화할 때
알에서 깨어나려고 안에서 쪼아대는 줄(啐)과,
어미 닭이 그 신호를 알아차려서
바깥에서 부리로 알껍데기를 쪼아주는 탁(啄)이
동시(同時)에 일어나야
병아리가 제대로 태어날 수 있다.

5단원

오행(五行)의 왕쇠강약(旺衰强弱)
· 훈민정음해례본

오행의 왕쇠강약을 통하여 사주를 빠르고 정확하게 판단 할 수 있는 심화학습 단원이다.
반복하여 동영상을 시청하고 교재에 메모하자. 모른다고 낙담하지 말자.
내면에 차곡차곡 쌓인다. 쌓이는 줄 나는 모른다. "물은 빠져도 콩나물은 자란다."

작명 시 훈민정음해례본으로 소리 오행을 삼는 것이 정답이다.
1998년 유네스코 세계 기록유산에 등재된 보물이다.
큰 용기를 내어 구습(舊習)의 질긴 고리를 끊어내자.
지도자의 덕목이다.

27강 사주에 木이 너무 많으면?

학습목표 木이 많으면 어떤 현상이 일어나는지 알아보자.

五行旺弱(오행왕약) 자해

五(다섯 오) = 二 + X	천지간의 음과 양이 서로 교차한다.
行(다닐 행) = 彳 + 亍	왔다 갔다 한다. 네거리의 모양
旺(성할 왕) = 日 + 王	임금의 통치력이 해처럼 크고 넓다.
弱(약할 약) = 弓 + 羽	새끼 새의 깃이 아래로 축 처졌다.

✱ 지난 강의 참고. (11강)

方合(방합)
寅卯辰木局(인묘진목국)
巳午未火局(사오미화국)
申酉戌金局(신유술금국)
亥子丑水局(해자축수국)

三 合(삼합)
亥卯未木局(해묘미목국)
寅午戌火局(인오술화국)
巳酉丑金局(사유축금국)
申子辰水局(신자진수국)

木	多	火	滯
木	多	火	熄
木	多	土	破
木	多	金	缺
木	多	水	縮

木이 많으면 丙火는 체한다. (滯 : 막힐 체)

木이 많으면 丁火는 꺼진다. (熄 : 꺼질 식)

木이 많으면 土는 깨진다. (破 : 깨뜨릴 파)

木이 많으면 金은 이지러진다. (缺 : 이지러질 결)

木이 많으면 水는 흡수된다. (縮 : 오그라들 축)

木기운 · 木기운을 더해주는 水

- 천간과 지지의 木 : 甲乙木 / 寅卯木 / 寅卯辰木局 / 亥卯未木局
- 木을 더해주는 水 : 壬癸水 / 亥子水 / 亥子丑水局 / 申子辰水局
- 木氣를 더해주는 오행은 水이다. 水生木(수생목)
- 인성은 신약과 신강을 구분하는 작용을 한다.

水 → 수생목 → 木

	水		
천간	壬	癸	
지지	亥	子	
방합	亥	子	丑
삼합	申	子	辰

	木		
천간	甲	乙	
지지	寅	卯	
방합	寅	卯	辰
삼합	亥	卯	未

木이 많을 경우의 작명

1. 克(극)하기

- 金克木(금극목) : 金으로 木을 제압한다.
- 木이 많아 병이 된 경우에 가능하다. 間伐(간벌), 剪枝(전지)

木이 많으면 火는 어떻게 될까?

木多丙火滯(목다병화체) : 木이 많으면 丙火는 가려진다.

- 滯(막힐 체) = 水(물 수) + 帶(띠 대) 解 흐르는 물에 띠처럼 가로지른 장애물에 막혔다.

<木多丙火滯>

◎	丙	乙	◎
◎	寅	卯	◎

木이 많으면 그늘져 어둡다.
햇빛이 막힌다.

木多丁火熄(목다정화식) : 木이 많으면 丁火는 꺼진다.

- 熄(꺼질 식) = 火(불 화) + 息(쉴 식) 解 불타는 것이 쉬다.

<木多丁火熄>

甲	丁	乙	◎
◎	卯	丑	◎

木이 많으면 丁火는 꺼진다.

■ 乙木이 丁火를 만나면?

- 습목인 乙木은 丁火에 잘 타지 않고 연기만 난다.
- 눈물을 흘리는 형국이 된다. 乙木과 丁火 모두 흉이다.

■ 木은 간담의 질환이다.

木이 많으면 土는 어떻게 될까?

木多土破(목다토파) : 木이 많으면 土가 깨진다.

- 破(깨뜨릴 파) = 石(돌 석) + 皮(껍질 피) 解 돌의 겉면이 깨어진다.

◎	己	甲	◎
◎	卯	寅	◎

좁은 땅에 木이 많으면 제대로 자라지 못한다.
땅도 몸살을 한다.

木이 많으면 金은 어떻게 될까?

木多金缺(목다금결) : 木이 많으면 金이 이지러진다.

- 缺(이지러질 결) = 缶(질그릇 부)+夬(터놓을 쾌) 解 질그릇의 한쪽이 터졌다.

◎	庚	甲	◎
◎	寅	辰	◎

甲木이 많으면 결국 金도 이지러진다.
예 나무를 많이 베면 도끼날이 무디어진다.

木이 많으면 水는 어떻게 될까?

木多水縮(목다수축) : 木이 많으면 물이 마른다.

- 縮(오그라들 축) = 糸(실 사) + 宿(잘 숙) 解 실을 물에 잠재우면 오그라든다.

◎	癸	甲	甲
◎	未	戊	寅

木이 많으면 水가 木으로 흡수되어서 마른다.

木이 많은 사주 예시

火	木	金	水
丁	甲	辛	壬
卯	子	亥	寅
木	水	水	木

印	水	→	3개	
比劫	木	→	3개	6(나)
食傷	火	→	1개	
財	土	→	0개	2(너)
官	金	→	1개	

- 나6 〉너2
- 나의 기운(甲木)과 인성(水)이 모두 내편이 된다. 水 3개, 木 3개로 내 기운은 6개이다.
- 조후(한난조습)를 살펴 본다. 亥月(음10월)에 물이 너무 많아서 寒(찰 한) 사주이다.
- 水氣가 많고 甲木과 卯木(습목)으로 목생화가 안된다. 용신이 약하다.
- 甲乙木이 많아서 용신인 丁火가 꺼질 지경이다. (木多丁火熄)
  - 丁火의 뿌리가 되는 寅中 丙火로 꺼지지는 않았다. * 寅 지장간 : 戊丙甲
- 亥中 戊土, 寅中 戊土가 약신 역할을 하여 길하다. * 亥 지장간 : 戊甲壬

■ 병과 약을 살펴 보자

- 겨울철 사주에 水가 많으면 병이다. → 病神 (병신)
- 병이 된 水를 잡아주는 土는 약이다. → 藥神 (약신)
- 건토와 습토중에 戊戌 건토만이 水를 막아주는 약신 역할을 한다.
- 지장간 戊土는 힘이 약하지만, 水가 많을 때는 길하다.

강의 마무리

■ 木多丙火滯(목다병화체) : 木이 많으면 丙火는 가려진다.

■ 木多丁火熄(목다정화식) : 木이 많으면 丁火는 꺼진다.

■ 겨울철 木이 많으면 흉하다. 목극토하여 약신 戊土가 무력해진다.

28강 사주에 火가 너무 많으면?

학습목표 火가 많으면 어떤 현상이 일어나는지 알아보자.

火	多	土	燥
火	多	金	鎔
火	多	水	渴
火	多	木	焚

火가 많으면 土는 마른다. (燥 : 마를 조)

火가 많으면 金은 녹는다. (鎔 : 녹을 용)

火가 많으면 水는 고갈된다. (渴 : 목마를 갈)

火가 많으면 木은 탄다. (焚 : 불사를 분)

火가 많을 경우 대처방법

1. 泄氣(설기)하기

- 火生土(화생토) : 土로 火를 뺀다. 설기한다.
- 火氣를 습토로 빼준다.

2. 克(극)하기

- 水克火(수극화) : 水로 火를 제압한다.

火가 많을 때 이름으로 보완 하기

1. 火氣가 강할 때

- 물로 火氣를 극하는 방법보다 습토로 火氣를 빼주는 방법이 더 좋다.

2. 이름에 잘 사용되는 습토 글자

- 留(머무를 류) 解 무성하게(卯 : 무성할 묘) 싹이 트는 농사철에 밭(田)에서 오래 머무르며 일한다.
- 甫(클 보) 解 갑골문- 밭(습토)에서 싹이 나는 모양
- 周(두루 주) 解 갑골문- 밭(습토)에서 싹이 나는 모양
- 振(떨칠 진) 解 3월에는 일손이 바쁘고 만물이 떨쳐 일어난다. 辰土는 습토이며 옥토이다.

火기운 · 火기운을 더해 주는 木

- 천간과 지지의 火 : 丙丁火 / 巳午火 / 巳午未火局 / 寅午戌火局
- 火를 더해주는 木 : 甲乙木 / 寅卯木 / 寅卯辰木局 / 亥卯未木局
- 火氣를 더해주는 오행은 木이다. (목생화)

木 —목생화→ 火

木			
천간	甲	乙	
지지	寅	卯	
방합	寅	卯	辰
삼합	亥	卯	未

火			
천간	丙	丁	
지지	巳	午	
방합	巳	午	未
삼합	寅	午	戌

火가 많으면 土는 어떻게 될까?

火多土燥(화다토조) : 火가 많으면 土는 마른다.

- 燥(마를 조)=火(불 화)+喿(새 떼지어울 소) 解 나무가 불에 탈 때 시끄럽게 소리가 난다.

<건토>

◎	戊	丁	◎
◎	午	巳	◎

건토일 경우에 火多土燥가 된다.

<습토>

◎	己	丁	◎
◎	巳	巳	◎

습토일 경우에는 火多土燥가 되지 않는다.
습토는 火氣를 흡수한다.

火가 많으면 金은 어떻게 될까?

火多金鎔(화다금용) : 丁火가 많으면 金이 녹는다.

- 鎔(녹일 용) = 金(쇠 금) + 容(담을 용) : 녹인 쇠(金)를 거푸집에 담아(容) 기물을 만든다.
- 鎔金成器(용금성기) : 金을 녹여 기물을 만든다.
- 鎔金成器(용금성기)는 丁火(불)로 庚申金만 가능하다. 辛酉金은 용금성기하면 안된다.
  보석을 녹이면 고철이 된다.
- 丙火(태양)로는 용금성기 할 수 없다. 丙火는 金을 빛나게 해 주며 명예롭게 한다.

<庚申金>

丙	丁	庚	◎
午	巳	申	◎

丁火의 불로 庚申金을 녹여 기물을 만들 수 있다.
庚申金은 용금성기가 가능하다.

<辛酉金>

丙	丁	辛	◎
午	巳	酉	◎

丁火와 辛金이 만나면 서로 어려운 상황이 된다. 丁辛沖
辛酉金은 용금성기를 하면 안된다. 보석을 녹이면 고철이 된다.

火가 많으면 水는 어떻게 될까?

火多水渴(화다수갈) : 火가 많으면 물이 마른다.

- 渴(목마를 갈) = 水(물 수) + 曷(그칠 갈) 解 물이 다해서 목마르다.
- 火多水渴(화다수갈)은 丙丁火가 많은 경우이다.

丁	癸	丁	◎
巳	未	巳	◎

火多水渴(화다수갈)은 丙丁火가 많은 경우이다.

- 작명에 잘 쓰이는 水 한자

洹(강 이름 원) = 水 + 亘(펼 선, 뻗칠 긍) 解 펼쳐져 있는 물의 양이 크다.

湲(물 흐를 원) = 水 + 爰(끌어당길 원) 解 필요할 때 마다 물을 끌어 쓴다.

- 水는 신장, 방광에 관련된 질환이다.

火가 많으면 木은 어떻게 될까?

火多木焚(화다목분) : 火가 많으면 木이 탄다.

- 焚(불사를 분) = 林(수풀 림) + 火(불 화) 解 숲이 불에 탄다. (화전농법 : 옛날 농사 방법 중 하나)
- 火多木焚(화다목분)은 丁火가 많을 경우에만 해당된다.
- 木이 타면 간질환, 신경계통, 스트레스성 질환이 유발된다.
- 일간이 木이 아니더라도 명식이나 운에서 木이 상처받으면 내가 상처받는 것과 같다.

火가 많은 사주 예시

木	火	火	水
乙	丙	丙	壬
未	戌	午	子
土	土	火	水

印	木	→	1개	
比劫	火	→	3개	4(나)
食傷	土	→	2개	
財	金	→	0개	4(너)
官	水	→	2개	

- 신약과 신왕을 살핀다. 4 〉4
- 월지 午月에 丙火로 태어나 火기운이 강해져 신왕하다.
- 나의 기운(火)과 인성(木)은 모두 내 편이다.
- 午月에 丙火와 건토로 조열하여 조후용신 水이다.
- 壬水의 뿌리가 되는 子水가 통근 되어 용신이 힘이 있다. 용신이 有力하다.

64	54	44
癸	壬	辛
丑	子	亥

→ 亥子丑 용신 水운으로 길하다.

- 이름 간명 : O 振
  - 振(떨칠 진)은 습토 글자로서 많은 火氣를 흡수한다. 吉名(길명)이다.

강의 마무리

- 火가 太旺(태왕)하면 습토를 우선으로 사용하여 火氣를 빼주는 작명으로 한다.

29강 사주에 土가 너무 많으면?

학습목표 土가 많으면 어떤 현상이 일어나는지 알아보자.

土	多	金	埋
土	多	水	沖
土	多	木	折
土	多	火	晦

土가 많으면 金은 묻힌다. (埋 : 묻을 매)

土가 많으면 水는 흡수된다. (沖 : 부딪칠 충)

土가 많으면 木은 끊어진다. (折 : 꺾을 절)

土가 많으면 火는 어두워진다. (晦 : 그믐 회, 어두울 회)

土 알아보기

1. 음양으로 나누어 土 알아보기

천간 →	戊 (+)		己 (-)	
지지 →	辰 (+)	戌 (+)	丑 (-)	未 (-)

2. 습토와 건토로 나누어 土 알아보기

진술축미는 사주의 조후를 변화시키는 가장 중요한 요소이니

습토와 건토에 대해 잘 알아야 한다.

천간	습·건	음·양	건토 · 습토 특징
戊	건토	(+)	물을 막는다. 물길을 만든다. 방수, 방풍, 보온, 제습
己	습토	(-)	습토는 火氣를 흡수한다.

지지	습/건	월	지장간	특 징
辰	습토	3월	乙癸戊	지장간에 癸水가 있다.
				3월은 싹이 터야 하니 습토이다.
				3월 土는 싹이 나는 옥토이다.
戌	건토	9월	辛丁戊	지장간에 丁火가 있다.
				9월 가을에는 수확의 계절로 건토이다.
				논에 있는 물도 빼주어야 할 시기로 건토이다.
丑	습토	12월	癸辛己	지장간에 癸水가 있다.
				12월은 물이 얼어 있으므로 습토이다.
未	건토	6월	丁乙己	지장간에 丁火가 있다.
				6월은 뜨거워서 건토이다. 열토이다.

3. 사주 여덟 글자에 들어 갈 수 있는 土는 몇 개일까?

<table>
<tr><td>천간 土</td><td colspan="4">戊土 己土</td><td>2개</td><td rowspan="4">총
14개</td></tr>
<tr><td>지지 土</td><td colspan="4">辰土 戌土 丑土 未土</td><td>4개</td></tr>
<tr><td rowspan="2">지장간 土</td><td>寅中 戊土 /</td><td>申中 戊土 /</td><td>巳中 戊土 /</td><td>亥中 戊土</td><td rowspan="2">8개</td></tr>
<tr><td>辰中 戊土 /</td><td>戌中 戊土 /</td><td>丑中 己土 /</td><td>未中 己土</td></tr>
</table>

- 寅申巳亥 지장간 餘氣(여기)는 戊土이다.
- 위와 같이 土가 많은데도 사주 명식에 土가 없다면?
  - 木이 의지할 땅이 없다.
  - 마음이 공중에 떠 있다.
  - 생명을 키우기가 어렵다.

土가 많을 경우 대처방법

1. 泄氣(설기)하기

- 土生金(토생금) : 金으로 土를 뺀다. 설기한다.
- 庚申金 · 辛酉金 중에서 설기가 잘 되는 金은 庚申金이다. 예 銀(은 은)

2. 克(극)하기

- 木克土(목극토) : 木으로 土를 제압한다.
- 土가 많아서 병일 때 木은 약신 역할을 한다. 예 林(수풀 림), 彬(빛날 빈)
- 땅은 넓은데 木이 없으면 황무지이다.

土기운 · 土기운을 더해주는 火

- 천간과 지지의 土 : 戊己土 / 辰戌丑未
- 土를 더해주는 火 : 丙丁火 / 巳午火 / 巳午未火局 / 寅午戌火局
- 土氣를 더해주는 오행은 火이다. 火生土

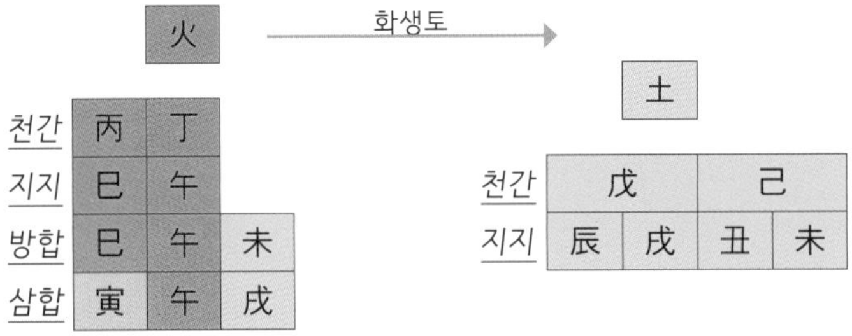

土가 많으면 金은 어떻게 될까?

土多金埋(토다금매) : 土가 많으면 金이 묻힌다.

- 埋(묻을 매) = 土(흙 토) + 里(마을 리) 解 마을 근처의 땅에 묻는다.

<토다금매가 된 예>

	일간	정인	편인
◎	辛	戊	己
◎	酉	戌	未

작은 金(辛酉金)이라서 土에 묻혔다.

<토다금매가 안 된 예>

	일간	편인	정인
◎	庚	戊	己
◎	申	戌	未

庚申金이라서 土에 묻히지 않고 오히려 설기가 잘 되고 있다.
이 경우에는 金이 들어간 이름자를 사용 할 수 있다.
예 鏞(종 용), 銀(은 은), 鐘(쇠북 종)

土가 많으면 水는 어떻게 될까?

土多水沖 (토다수충) : 土가 많으면 水는 충 된다. 흡수 된다.

- 沖(부딪칠 충) = 水(물 수) + 中(가운데 중) 解 깊은 물 속이 해류의 부딪힘이 강하다.

<토다수충 예>

	일간	편관	정관
◎	壬	戊	己
◎	◎	戌	未

정편관이 년월에서 토극수하니 水가 힘들다.
水가 土속으로 흡수되어 힘을 쓰지 못한다.

土가 많으면 木은 어떻게 될까?

土多木折(토다목절) : 土가 많으면 木이 끊어진다.

- 折(꺾을 절) = 扌(손 수)+ 斤(도끼 근) 解 손에 도끼를 들고 나무를 찍는다.

<토다목절 예>

	일간	편재	정재
◎	甲	戊	己
◎	◎	戌	未

財는 육친으로 아내, 돈을 의미한다.
土가 많아서 木이 자기 역할을 못 한다. 외롭다.

* 財多身弱(재다신약) : 財(土)는 많고 나(甲)는 약하다.

土가 많으면 火는 어떻게 될까?

土多火晦(토다화회) : 土가 많으면 火는 어두워진다.

- 晦(그믐 회) = 日(날 일) + 每(매양 매) 解 매월 달빛이 없는 그믐

	일간	습토	
◎	丙	己	◎
◎	辰	丑	◎

丙火의 火氣가 습토에 다 흡수되어 丙火가 무력하다.
토다화회는 丙丁火에 습토가 많은 경우이다.

土가 많은 사주 예시

	일간		
戊	辛	戊	◎
戌	未	辰	◎

■ 일간(辛)이 土속에 묻혔다. 내가 답답하다.

■ 庚申金은 旺土를 설기하지만, 辛酉金은 旺土를 설기하기 어렵다.

■ 土가 많을 때 이름으로 보완하는 방법 찾기

- 金으로 土를 설기 하는 방법
- 木으로 土를 제압하는 방법 → 土가 병이 되었을 때 木은 약신이다.
  약신이 되는 木과 木을 키울 수 있는 水를 넣어서 작명한다.

■ 작명 시 이름 첫 번째 자에 水를, 두 번째 자에 木을 넣는다.
이름 첫 자에 水를 넣는 이유는 木운이 올 때 천간의 辛金이 木을 극 하지 못하게 水가 통관 역할을 한다. 그리고 수생목으로 약신이 되는 木을 키워 준다. 예 O湲棲(O원서)

강의 마무리

■ 土가 많아 병이 되면 金으로 설기 하는 방법과 木으로 극하는 방법이 있다.

30강 사주에 金이 너무 많으면?

학습목표 金이 많으면 어떤 현상이 일어나는지 알아보자.

金	多	水	濁
金	多	木	斷
金	多	火	熄
金	多	土	變

金이 많으면 水는 탁해진다. (濁 : 흐릴 탁)

金이 많으면 木은 끊어진다. (斷 : 끊을 단)

金이 많으면 火는 꺼진다. (熄 : 꺼질 식)

金이 많으면 土는 변한다. (變 : 변할 변)

- 金木相爭(금목상쟁) : 金과 木이 서로 싸우는 형국
- 通關用神(통관용신) : 오행끼리 서로 克 할 때 중재 해주는 역할을 하는 용신
- 鎔金成器(용금성기) : 金을 녹여서 기물을 만든다.

金이 많을 경우 대처방법

1. 泄氣(설기)하기

- 金生水(금생수) : 金을 水로 뺀다. 설기한다.
- 壬癸水나 亥子水로 설기한다.

2. 克(극)하기

- 火克金(화극금) : 火로 金을 제압한다. 녹인다. 제련한다.
- 용금성기는 丁火로 가능하고, 丙火는 용금성기가 되지 않는다.
- 丙火는 金을 빛나게 해 주며 녹이지는 않는다.
- 金을 제압 할 수 있는 丁火가 들어간 이름 예 煥(빛날 환)

金기운 · 金기운을 더해 주는 土

- 천간 지지의 金 : 庚辛金 / 申酉金 / 申酉戌金局 / 巳酉丑金局
- 金을 더해주는 土 : 戊己土 / 辰戌丑未
- 金氣를 더해주는 오행은 土이다. 土生金

土 —토생금→ 金

천간	戊	己		
지지	辰	戌	丑	未

천간	庚	辛	
지지	申	酉	
방합	申	酉	戌
삼합	巳	酉	丑

金이 많으면 水는 어떻게 될까?

金多水濁(금다수탁) : 金이 많으면 水는 탁해진다.

- 濁(흐릴 탁) = 水(물 수) + 蜀(벌레 촉) 解 물에 벌레가 생겼다.

	일간		
己	壬	辛	◎
◎	◎	酉	◎

물이 탁해져서 金이 녹슬었다.

- 己土濁壬(기토탁임) : 습토인 己土와 壬水가 만나 흙탕물이 되었다.
- 庚申金이 있으면 금생수가 잘 되어 기토탁임이 일어나지 않는다.
- 辛酉金은 금생수가 잘 안되니 기토탁임이 된다.

金이 많으면 木은 어떻게 될까?

金多木斷(금다목단) : 金이 많으면 木은 잘린다.

- 斷(끊을 단) = 㡭(이어맬 계) + 斤(도끼 근) 解 이어진 실을 도끼(도구)로 끊는다.

	일간	편관	정관
◎	甲	庚	辛
◎	◎	申	酉
		편관	정관

정관 편관이 년월에 있으니 金克木을 당하고 있다.
나(甲)는 약한데 金(관)이 왕해서 흉이다.

	일간		
◎	甲	庚	辛
◎	◎	申	丑

金 : 病神(병신)
土 : 토생금으로 仇神(구신)
*仇(원수 구)

金이 많으면 火는 어떻게 될까?

金多火熄(금다화식) : 金이 많으면 火는 꺼진다. 火가 제 역할을 못 한다.

- 熄(꺼질 식) = 火(불 화) + 息(쉴 식) 解 불타는 것이 쉬다.

	일간	정재	편재
◎	丁	庚	辛
◎	◎	申	丑
		정재	식신

金이 많고 火가 약해서 火가 제 역할을 못 한다.

- 財多身弱(재다신약) : 재는 강하고 나(일간)는 약하다.
- 丁火일간이 너무 약해서 용금성기가 어렵다.
- 용금성기가 되려면 丁火가 강해야 한다. 丁火의 뿌리가 있어야 한다.
- 甲木 심지(인성)도 필요하다.

金이 많으면 土는 어떻게 될까?

金多土變(금다토변) : 金이 많으면 土가 변한다.

- 變(변할 변) = 䜌(말 잇달 련)+夊(칠 복) 解 말로 계속해서 충고하여 좋은 쪽으로 변하게 한다.

◎	己	辛	庚
◎	丑	酉	戌
	癸辛己		辛丁戊

土가 생명을 키우지 못하는 자갈밭으로 변했다.

- 丑土와 戌土는 지장간의 辛金 때문에 자갈 土이다.
- 밭(己)에 자갈(辛)과 바위(庚)까지 있어 木이 자라기가 어렵다.

金이 많은 사주 예시

	일간		
乙	庚	庚	辛
酉	申	寅	酉

- 金 6개로 金多木斷(금다목단)이다.
- 申中 壬水가 통관용신이다. * 申 지장간 : 戊壬庚
- 乙木은 을경합금으로 무관한데 寅木이 상처를 입고 있다.
  - 이런 경우에는 이름자 두 번째에 水를 넣어 통관 시킨다.
  - 예 衍(물 따라 흐를 연)

강의 마무리

- 사주에 金이 많을 때는 木이 지장간에 있는 것이 다치지 않아서 오히려 좋다.
- 木운이 언제 오는지 잘 살펴야 한다.

31강 사주에 水가 너무 많으면?

학습목표 水가 많으면 어떤 현상이 일어나는지 알아보자.

水	多	木	浮
水	多	火	熄
水	多	土	流
水	多	金	沈

水가 많으면 木은 뜬다. (浮 : 뜰 부)

水가 많으면 火는 꺼진다. (熄 : 꺼질 식)

水가 많으면 土는 흐른다. (流 : 흐를 류)

水가 많으면 金은 잠긴다. (沈 : 잠길 침)

水가 많을 경우 대처방법

1. 泄氣(설기)하기

- 水生木(수생목) : 水를 木으로 뺀다. 설기한다.
- 甲寅木이 설기가 잘 되며, 乙卯木은 습목이라서 설기가 안된다.
- 겨울에는 木이 자라지 않는 계절이라 水生木이 안된다.

2. 克(극)하기

- 土克水(토극수) : 土로 水를 막는다. 제압한다.
- 물을 막아 줄 수 있는 土는 건토이다.

水기운 · 水기운을 더해 주는 金

- 천간 지지의 水 : 壬癸水 / 亥子水 / 亥子丑水局 / 申子辰水局
- 水를 더해주는 金 : 庚辛金 / 申酉金 / 申酉戌金局 / 巳酉丑金局
- 水氣를 더해 주는 오행은 金이다. 金生水

金 → (금생수) → 水

金			
천간	庚	辛	
지지	申	酉	
방합	申	酉	戌
삼합	巳	酉	丑

水			
천간	壬	癸	
지지	亥	子	
방합	亥	子	丑
삼합	申	子	辰

水가 많으면 木은 어떻게 될까?

水多木浮(수다목부) : 水가 많아서 木이 뜬다.

- 浮(뜰 부) = 水 + 孚(기를 부) 解 羊水(양수) 속에 떠 있는 태아

<甲木 일 경우>

	일간	편인	정인
◎	甲	壬	癸
◎	◎	子	亥

水가 많아서 甲木이 浮木(부목)이 되었다.
인성이 흉이다.

<乙木 일 경우>

	일간	정인	편인
◎	乙	壬	癸
◎	◎	子	亥

乙木이 水草(수초)가 되었다.

- 수초는 물속에서만 살아야 한다. 밖으로 나오면 안 된다.
- 수초가 된 사주의 경우 戊戌土나 火운은 흉이다.

水가 많으면 火는 어떻게 될까?

水多火熄(수다화식) : 水가 많아서 火가 꺼진다.

- 熄(꺼질 식) = 火 + 息(自+心 : 쉴 식) 解 불타는 것이 쉰다.
- 丁火일 경우만 해당한다.
- 丙火는 癸水를 만나면 제 역할을 다하지 못해 답답해한다.

<丁火가 癸水를 만날 경우>

	일간		
◎	丁	癸	◎
◎	亥	亥	◎

亥月(음10월)에 겨울비(癸)가 내리고 있다. 丁癸沖
水多丁火熄(수다정화식) : 水가 많아서 丁火가 꺼진다.

<丙火가 癸水를 만날 경우>

	일간		
◎	丙	癸	◎
◎	子	亥	◎

구름(癸水) 위에 태양(丙)이 떠 있다.
丙火는 꺼지지 않고 癸水에 가려질 뿐이다.

水가 많으면 土는 어떻게 될까?

水多土流(수다토류) : 水가 많으면 土가 흘러간다.

- 流(흐를 류)=水 + 㐬(거꾸로 떠 내려갈 돌) 解 양수가 터져서 흐르는 것처럼 물이 흘러간다.

<습토(己) 일 경우>

	일간		
◎	己	壬	◎
◎	亥	子	◎

己土濁壬(기토탁임) : 己土와 壬水가 만나 물이 탁해진다.
己土濁壬(기토탁임)으로 흙탕물이 되어 생명체를 기를 수 없다.

<습토(己)와 金이 같이 있는 경우>

	일간		
◎	己	壬	庚
◎	亥	子	申

庚申金이 금생수가 잘 되어 기토탁임이 해소된다.
물은 맑아지지만 수다토류 현상은 같다.

<건토(戊) 일 경우>

	일간		
◎	戊	壬	癸
◎	戊	子	亥

戊戌土는 건토라서 물을 막아준다. (토극수)
물길을 만들어 준다.

- 운에서 辰土가 와서 진술충이 되면 제방이 무너져 흉이 된다.
- 子月이나 亥月에 火가 없고 水가 많을 때 건토는 약신과 용신을 같이 쓰는 약용신이 되고, 火가 있으면 火는 조후용신, 건토는 약신이 된다.

水가 많으면 金은 어떻게 될까?

水多金沈(수다금침) : 水가 많으면 金이 잠긴다.

- 沈(잠길 침)=水 +冘(머뭇거릴 임(유)) 解 물 표면에서 머뭇거리다 물속에 빠짐

<辛金 일 경우>

	일간		
◎	辛	壬	◎
◎	亥	子	◎

辛金은 금생수가 안된다.
金의 뿌리는 없고 水가 왕한 경우 수다금침이 된다.

<庚金 일 경우>

	일간		
◎	庚	壬	◎
◎	子	子	◎

金水雙淸(금수쌍청) : 金과 水가 쌍으로 맑음
庚金은 금생수가 잘된다.
금생수가 잘 되어 수다금침이 되지 않는다.

강의 마무리

- 庚申金은 금생수가 잘 되지만, 辛酉金은 금생수가 안 된다.

32강 이름+아호+두인의 3박자로 나만의 수호신장 만들기

학습목표 사주에서 부족한 오행을 작명에서 보완 해 주기

	일간		
甲	丙	壬	壬
午	子	寅	子

- 나4 〉 너4, 寅中丙火가 뿌리가 되어 신왕하다.
- 水 병, 寅中戊土 약신, 조후용신 丙火
- 용신의 뿌리가 되는 寅中 丙火와 午火가 있어서 힘이 있다.
- 지장간에 있는 戊土로 많은 물을 막기에는 역부족이다.

  * 寅 지장간 : 戊丙甲

- 이름 간명 : 京姬(서울 경, 아가씨 희)

  - 京(서울 경) = 高(높을 고)+丘(언덕 구→ 戊土)
  - 京에는 戊土가 있다. 부족한 戊土를 이름자에서 보완 해 준 좋은 사례

- 아호 : 曉頤(효이)

  - 曉(새벽 효, 깨달을 효) = 日(丙火) + 堯(戊土) 解 새벽에 해가 산 위로 둥실 떠오르는 모습이다. 어둠의 세계에서 밝음의 세계로 넘어왔다.
  - 頤(턱 이, 배부를 이, 기를 이) 解 턱선이 이쁘다. 미인이다. 아이를 기른다. 교육자가 쓸 수 있는 글자이다.

- 낙관인은 이름자는 음각, 아호는 양각, 두인은 음각으로 총 3개가 한 벌이다.

  보통 두인은 본인이 좋아하는 글귀나 소망 등을 담아서 한 글자나 두 글자를 쓴다. 본인이 좋아하는 한자 성어 愚公移山(우공이산) 중, 移山(이산) 두 글자를 선택하여 戊土를 두인으로 쓴 좋은 사례이다.

강의 마무리

- 積小成大(쌓을 적, 작을 소, 이룰 성, 큰 대) : 작은 것이 쌓여 크게 된다.

33강 소리 오행의 진실 - 해례본과 운해본의 차이

학습목표 한글 발음(소리)오행은 해례본으로 작명해야 하는 이유 알아보기

훈민정음해례본

세종 28년 1446년에 반포한 훈민정음은 크게 예의(例儀)와 해례(解例)로 나누어져 있다. 예의는 세종대왕이 직접 지은 글로 한글을 만든 이유와 한글의 사용법을 간략하게 설명하였고, 해례는 집현전 학사들이 한글의 자음과 모음을 만든 원리와 용례로 상세하게 설명한 글이다.

훈민정음해례본은 1504년경 소실 되었다가 1940년 경북 안동에서 발견되었다. 1962년 국보 제70호로 지정되었으며, 1998년 유네스코 세계 기록유산에 등재되었다.

운해본

영조 때 신경준(1712~1781년)이 발표한 개인 논문집이다.

해례본 · 운해본 차이점 (水 와 土)

해례본		운해본	
세종 28년 1446년 집현전 학자들이 창제한 문자를 해설한 책		영조때 신경준이 발표한 내용	
국보 제70호 유네스코 세계 기록유산 등재		개인 논문집	
1940년 안동에서 발견되었는데, 보편화 되어 널리 사용하는 데는 많은 시일이 걸렸다.		해례본이 발견되기 전 1938년 조선어학회에서 먼저 발표되면서 역학원이나 문화원, 교육원 등에서 많이 사용하기 시작하였다.	
水	ㅇ.ㅎ	水	ㅁ.ㅂ.ㅍ
土	ㅁ.ㅂ.ㅍ	土	ㅇ.ㅎ
국어정책연구기관인 국립국어원의 질의답변으로 해례본이 정론임을 2015년에 확인하였다.		현재도 운해본으로 작명을 하는 곳이 많다.	

해례본으로 정리한 발음 오행 (소리)

가	나 다 라	마 바	사	아
ㄱ, ㅋ	ㄴ, ㄷ, ㄹ, ㅌ	ㅁ, ㅂ, ㅍ	ㅅ, ㅈ, ㅊ	ㅇ, ㅎ
木	火	土	金	水

예 **강 연 서**

강 → ㄱ(木) ↑ 수생목

연 → ㅇ(水)

서 → ㅅ(金) ↑ 금생수

- 예시 이름의 한글 발음 오행은 金生水→ 水生木으로 상생 관계이다.
- 한글 발음 오행은 상극만 피하면 된다.
- 내 이름에는 어떤 한글 발음 오행으로 되어 있는지 살펴보자.

강의 마무리

- 해례본이 운해본보다 늦게 발견이 되었어도 해례본으로 작명해야 함이 마땅하다는 생각이다.

34강 사주와 좋은 이름의 두 톱니 바퀴

학습목표 사주에 맞는 한자 자원오행으로 아호 짓기

	일간		
己	丙	辛	己
亥	戌	未	酉

- 1 < 7 태약
- 태약이지만 한여름 未月生으로 戌中 丁火, 未中 丁火가 있어 아주 태약은 아니다.
- 丙火가 未月生으로 삼복 더위이다. 여름철 조후 용신은 대부분 水이다.
- 亥水 지장간 壬水가 조후 용신이다.
- 일간 丙火는 時를 잘 봐야 한다. 亥時(해시 21:30~23:30)로 火氣가 약하다.
- 亥中 甲木, 未中 乙木이 亥水와 丙火를 보고 잘 크고 있다.

  *亥 지장간 : 戊甲壬　*未 지장간 : 丁乙己
- 용신 水를 막는 건토는 흉이다.
- 土가 많아서 병이 되었다. 건토인 戌土와 未土는 病神(병신)이다.
- 土가 병일 때 토생금으로 土를 泄氣(설기)하는 것이 좋을까? 목극토로 土를 克(극)하는 것이 더 좋을까?
  - 木으로 土를 제압해주는 것이 더 좋다. (목극토 : 木 약신)
  - 설기하기 위해 金을 쓰면 대운이나 세운에서 木이 올 때 金이 木을 克(극)하게 된다.

    그래서 木 약신을 넣어 작명한다.
- "조후는 신약과 신왕을 가리지 않는다." 이해하기
  - 이 사주는 태약 사주이고 여름생으로 조후용신은 水이다.

    그런데 土가 많아 병이 되어 木을 약신으로 취용한다.
  - 그러면 수생목으로 水의 기운이 빠지지 않을까?

    그렇지 않다. 조후는 신약이나 신왕을 가리지 않는다.

木을 약신으로 사용해도 조후에는 水가 그대로 쓰인다.

■ 이름 간명 : 晉淑 (진숙)

- 晉(나아갈 진) = 臸(이를 진) + 日(날 일) 解 햇살이 사방에 다 이른다.
- 晉 괘는 주역 64괘중 火地晉괘로 땅 위로 해가 둥실 떠오르는 좋은 괘이다.
- 淑(맑을 숙) = 水(물 수) + 叔(콩 숙) 解 콩을 키울 때 쓰는 맑은 물
- 淑(맑을 숙)은 水 조후용신으로 길하다. 한자 자원오행이 잘 지어진 吉名이다.

■ 아호 : 淵材(연재)

- 淵 (못 연) = 水(물 수)+ 㴊(못 연) 解 연못의 좌우 언덕과 빙빙 도는 물
- 材(재목 재, 바탕 재) = 木(나무 목)+ 才(재주 재) 解 바탕이 되는 나무
- 조후 용신 水, 약신 木으로 작명한다.
- 병이 된 건토가 지지에 있으므로 이름자 아래에 木 약신을 넣어 준다.

강의 마무리

■ 좋은 이름과 좋은 아호는 나의 수호신장이다.

■ 水火不相沖(수화불상충) : 水와 火는 서로 충을 하지 않는다.

- 丙火와 壬水와의 관계에서만 해당된다. 丙火는 꺼지지 않는다.
  물 위에 해가 떠 있는 형상으로 丙火와 壬水는 沖(충)하지 않는다.
- 丁火와 癸水는 丁癸沖한다. 작명에 丁火와 水를 같이 쓰면 흉하다.

思親

申師任堂

千里家山 萬疊峰이요
歸心長在 夢魂中이라
寒松亭畔 孤輪月하고
鏡浦臺前 一陳風이라
沙上白鷗 恒聚散하고
海門漁艇 各西東이라
何時重踏 臨瀛路하야
綵服斑衣 膝下縫고

천 리라 먼 고향 만 겹 봉우리
자나 깨나 꿈속에도 돌아가고파
한송정가에는 외로이 뜬 달
경포대 앞에는 한줄기 바람
갈매기는 모래톱에 헤락 모이락
고깃배들 바다위로 오고 가리니
언제나 강릉 길 다시 밟아가
색동옷 입고 앉아 바느질할꼬

6단원

사주(四柱)와 건강

자연(自然)인 대우주(10天干·12地支)와
한 몸인 인체(인의예지신, 간심비폐신)는 소우주이다.
그러므로 사주를 알면 성정(性情)과 건강이 보이는 것이다.
정신이 육신을 끌고 가지만,
정신을 담는 육신이 건강해야 정신 또한 청(淸)하다.
이 단원을 통하여 나의 건강한 심신(心身)을 아는 기회로 삼자.

35강 간심비폐신

학습목표 음양으로 알아보는 오장육부

五 行 之 表 (오행지표)

五行 오행	木		火			土		金		水	
			君火		相火						
臟(陰) 장(음)	肝 간	乙 을	心臟 심장	丁 정	心包 심포	脾 비	己 기	肺 폐	辛 신	腎臟 신장	癸 계
腑(陽) 부(양)	膽 담	甲 갑	小腸 소장	丙 병	三焦 삼초	胃 위	戊 무	大腸 대장	庚 경	膀胱 방광	壬 임
五常 오상	仁 어질 인		禮 예도 례			信 믿을 신		義 옳을 의		智 지혜 지	
五方 오방	東 동녘 동		南 남녘 남			中央 중앙		西 서녘 서		北 북녘 북	
五時 오시	春 봄 춘		夏 여름 하			長夏 장하(늦여름)		秋 가을 추		冬 겨울 동	
五氣 오기	風 바람 풍		熱 더울 열			濕 젖을 습		燥 마를 조		寒 찰 한	
五味 오미	酸 실 산		苦 쓸 고			甘 달 감		辛 매울 신		鹹 짤 함	

〈곰 세마리〉

肝木(간목) 膽木(담목)이 바람(風)이 있어

心 .小火(심.소화) 三焦火(삼초화) 열(熱) 받네

脾胃土(비위토)는 뚱뚱해(濕)

肺.大金(폐.대금)은 건조(乾燥)해

腎膀水(신방수)는 너무 차가워

으쓱으쓱 자란다.

肝木(간목) 膽木(담목)은 신맛(酸)이 있어

心 .小火(심.소화) 三焦火(삼초화) 쓴맛나(苦)

脾胃土(비위토)는 단맛나(甘)

肺.大金(폐.대금)은 매운맛(辛)

腎膀水(신방수)는 너무 짠맛나(鹹)

으쓱으쓱 자란다.

〈구슬비〉

송알송알 싸리잎에 은구슬

乙肝(을간) 甲膽(갑담) 丁 心藏(정 심장) 丙小腸(병소장) 三焦(삼초)

조롱조롱 거미줄에 옥구슬

己脾(기비) 戊胃腸(무위장) 庚 大腸(경 대장) 癸腎(계신) 壬膀胱(임방광)

대롱대롱 풀잎마다 총~총~

木仁(목인) 火禮(화례) 土~信(토~신) 金義(금의) 水智慧(수지혜)

방긋웃는 꽃잎마다 송 송 송

木東(목동) 火南(화남) 土~中央(토~중앙) 金西(금서) 水北(수북)

月(월)의 세가지 표현

1. 달 월 (月) : 달로 쓰일 때 ㉥ 明(밝을 명)
2. 육달 월 (肉 →月) : 신체부위를 나타낼 때 ㉥ 肝(간 간), 肺(허파 폐), 腎(콩팥 신)
3. 배주 달 (舟 →月) : 배를 나타낼 때 ㉥ 兪(거룻배 유), 前(앞 전), 朝(아침 조)

臟腑(장부)

5장 6부를 통틀어서 臟腑(장부)라고 한다.

- 臟(오장 장) = 月(육달 월)+藏(감출 장) 解 우리 몸속에 감춰져 있는 오장(五臟)

  → 간, 심, 비, 폐, 신

- 腑(장부 부) = 月(육달 월)+府(곳집 부) 解 장부를 담고 있는 곳집. 육부(六腑)

  → 담, 소장, 삼초, 위, 대장, 방광

虛(빌 허) · 實(열매 실, 찰 실)

- 虛(허) → 不及(불급) : 미치지 못한다. 허약하다.
- 實(실) → 太過(태과) : 지나치다. 항진되다.

간 · 담 음양 관계 알아보기

木	陰(음)		陽(양)	
	간	乙	담	甲

* 쉽게 이해되는 음양 관계 문장 : 간담이 서늘하다. 간에 붙었다, 쓸개에 붙었다.

- 간 實(실)을 치료하면 담 虛(허)가 치료된다.
- 담 虛(허)를 치료하면 간 實(실)이 치료된다.

심장 · 소장, 삼초 음양 관계 알아보기

火	陰(음)			陽(양)		
	심장	심포	丁	소장	삼초	丙

- 心臟(심장) : 혈액순환
- 心包(심포) : 심장을 싸고 있는 막
- 小腸(소장) : 영양분 운반, 산소 운반
- 三焦(삼초)는
  - 오장육부의 하나이며 보이지 않는 형이상학적 장부이다.
  - 상초, 중초, 하초로 나누어진다.
  - 신진대사 전체를 관장하는 중요한 장부이다.

- 심장 實(실)을 치료하면 소장 虛(허)가 치료된다.
- 소장 虛(허)를 치료하면 심장 實(실)이 치료된다.

비장 · 위장 음양 관계 알아보기

土	陰(음)		陽(양)	
	비장	己	위장	戊

* 쉽게 이해되는 음양 관계 문장 : 비위 상한다.

- 위 實(실)을 치료하면 비 虛(허)가 치료된다.

■ 비 虛(허)를 치료하면 위 實(실)이 치료된다.

질병은 太過(태과), 不及(불급)의 문제이다.

- 虛(허)와 實(실)이 둘 다 문제이다.
- 습토가 문제가 되면 위장병 뿐만 아니라 비허 증세도 나타난다.
- 멀미 구토가 심한 비허증은 위장을 치료하면 비허증도 해소된다.
- 비위가 음양으로 되어 있어 한쪽을 치료하면 다른 한쪽도 치료가 된다.
- 서로서로 균형을 맞출 수가 있다.

폐 · 대장 음양 관계 알아보기

金	陰(음)		陽(양)	
	폐	辛	대장	庚

폐 : 호흡 시 공기중 수분 흡수
대장 : 음식물 중의 수분 흡수
} 공통점 : 수분 흡수

■ 대장 實(실)을 치료하면 폐 虛(허)가 치료된다.

■ 폐 虛(허)를 치료하면 대장 實(실)이 치료된다.

신장 · 방광 음양 관계 알아보기

水	陰(음)		陽(양)	
	신장	癸	방광	壬

- 신장 實(실)을 치료하면 방광 虛(허)가 치료된다.
- 방광 虛(허)를 치료하면 신장 實(실)이 치료된다.

강의 마무리

- 기초 명리에서 질병을 알아볼 때는 臟(장)과 腑(부)를 따지지 말고,

  木에 문제가 있으면 간, 담병

  火에 문제가 있으면 심장, 소장병

  土에 문제가 있으면 비, 위장병

  金에 문제가 있으면 폐, 대장병

  水에 문제가 있으면 신장, 방광병

  * 간심비폐신 → 목화토금수

36강 간, 담 – 乙木, 甲木

학습목표 木이 문제가 생겼을 때 나타나는 질병 알아보기

肝(간) = 乙木 = 陰(음)

1. 肝(간) 알아보기

- 肝(간 간) = 月(육달 월) + 干(방패 간) 解 창, 화살을 막는 방패처럼 독성을 막아주는 간
- 해독작용
- 간의 무게 : 성인인 경우 1.2kg
- 침묵의 장기

2. 肝(간)의 특징

- 장군지관(將軍之官) : 간은 방어기능, 해독기능, 정신 사유활동과
  밀접한 관계를 가진 기관으로 옛날 장군에 비유하여 붙인 이름이다.
- 목생화 → 火병은 곧 肝병이다.
- 怒傷肝(노상간 : 성낼 노, 다칠 상, 간 간) : 성을 내면 간이 상한다.
- 신경계 질환, 스트레스성 질환, 조울증 등
- 일상생활에서의 肝實(간실) 증상
  - 자주 눕고 싶고, 항상 피곤하고 짜증이 난다.
  - 사소한 일에도 화를 낸다.

膽(담) = 甲木 = 陽(양)

1. 膽(담) 알아보기

- 膽(쓸개 담)=月(육달 월)+詹(살필 첨) 解 위장의 소화기능을 살펴 즙을 내주는 쓸개
- 크기는 작지만 하는 역할은 크다.
- 간 아래에 붙어 있다.

2. 膽(담)의 특징

- 담은 인체의 측면 병을 주관한다. 옆구리가 아픈 것은 담 경락이다.
  담 들었다. = 옆구리가 아프다.
- 진통 진정의 역할→ 담 경락을 다스리면 좋다.
- 담을 나타내는 말
  - 용기에 관한 단어 : 膽力(담력), 大膽(대담), 膽大(담대)
  - 쓸개 빠진 놈 : 자기 역할을 다하지 못해 헛 짓만 하는 사람

건강으로 보는 음양 관계

- 虛(허) → 不及(불급) : 미치지 못한다. 허약하다.
- 實(실) → 太過(태과) : 지나치다. 항진되다.

간 = 乙木 = 음	담 = 甲木 = 양

- 쇠약한 虛(허)는 도와준다. 항진된 實(실)은 억제한다.
- 肝(간)과 膽(담)은 음양 관계로 간을 치료하면 담이 좋아지고, 담을 치료하면 간이 좋아진다.

木의 문제 예시 1

	일간		
辛	辛	己	乙
卯	巳	丑	巳

45
甲
申

나 : 내 기운(金2개)과 나를 돕는 기운(土2개) → 4
너 : 다른 기운 → 4개

유념할 사항
金克木(금극목) / 木의 생존환경

- 조후를 먼저 살핀다. 丑月(음12월)이라 춥고, 습토가 있어 조후가 부족하다.
- 木이 얼었는지 살펴본다. 巳火가 있어서 얼지 않았다.
- 丙火 조후용신이다.
- 木이 다치는 구조인지 살펴본다. 辛金이 卯木를 다치게 한다.
- 木이 다칠 때 간을 조심해야 한다.
- 대운

45		
甲	→	辛金의 극을 받고 있다.
申	→	卯를 극하고 있다.

木의 문제 예시 2

	일간		
丁	甲	癸	乙
卯	申	未	巳

戊
寅

나 : 내 기운(木3개)과 나를 돕는 기운(水1개) → 4개
너 : 다른 기운 → 4개

유념할 사항
金克木(금극목) / 용신의 뿌리 有無

- 조후를 먼저 살핀다. 未月(음6월)이라 덥고, 癸水가 약해서 조후가 부족하다.
- 지지가 조열하며, 申中 壬水로는 조후가 부족하다. *申 지장간 : 戊壬庚
- 未土(열토) 위의 癸水(구름, 비)는 증발할 수 있다.
- 지지가 조열하여 癸水가 무력하다.
- 申金이 卯木과 甲木을 극하고 있다.
- 木이 다쳐서 간을 조심해야 한다.
- 작명 시 이름자 아래에 水가 필요하다. 水는 조후 용신도 되고, 통관 용신도 된다.

바른 작명이 중요한 이유!

이름을 불러 줄 때마다 그 에너지가 작동한다. 잘못된 이름을 불러 주면 나쁜 에너지가 계속 생기게 되고, 잘 된 이름을 불러 주면 좋은 에너지가 계속 생기게 된다. 그래서 부족한 에너지는 채워주고 넘치는 에너지는 빼주는 바른 작명이 꼭 필요하다.

강의 마무리

- 木의 문제는 간에 문제가 생긴다.
- 일간이 木이 아니더라도 木이 다치면 내가 다치는 것과 같다.

37강 심장, 소장 – 丁火, 丙火 1

학습목표 心으로 배워 보는 인생공부 / 君火(심장, 소장) 알아보기

	君火	火	相火
음	心臟 심장	丁 정	心包 심포
양	小腸 소장	丙 병	三焦 삼초

心臟(심장), 心包(심포) = 丁火 = 陰(음)

1. 心의 세가지 표현

(1) 心 : 마음 심 (변형없이 사용) → 예 忘(잊을 망), 心(마음 심)

(2) 忄 : 심방 변 (어떤 글자의 왼쪽에 올 때) → 예 忙(바쁠 망), 性(성품 성)

(3) 㣺 : 밑 마음 심 (어떤 글자의 밑에 올 때)→ 예 恭(공손할 공), 慕(사모할 모)

2. 형이상학으로 해석한 心

心 = 儿 + • •

儿	•	•
걷는 사람 인	선	불선
어진 사람 인	긍정	부정
	군화	상화
	좌뇌	우뇌
	이성	감성
	문	무
	효	불효

忄 = • | •

•	•
긍정	부정
선	불선
청	탁
神(신)	鬼(귀)

■ 경계의 의미 알아보기

- 鬼(귀신 귀) = 由+儿+厶 解 사람이 사사로운 쪽으로 가면 그 순간 귀신이 된다.
- 鬼(귀)와 神(신)이 갈라지는 것은 한 순간이다. 여반장처럼 손바닥 뒤집듯 쉽다.
- 그 경계를 조심하며 살아가야 한다.

■ 之(갈 지) · 去(갈 거)

- 之(갈 지) : 목표를 향해 간다. 예 志(뜻 지) = 之+心 解 마음에 목표를 세워서 간다.
- 去(갈 거) : 그냥 떠나버린다.

건강으로 보는 음양 관계

■ 虛(허) → 不及(불급) : 미치지 못한다. 허약하다.

■ 實(실) → 太過(태과) : 지나치다. 항진되다.

심장= 丁火 = 음	소장 = 丙火 = 양

■ 쇠약한 虛(허)는 도와준다. 항진된 實(실)은 억제한다.

■ 건강으로 보는 음양 : 소장과 심장은 음양 관계로 소장을 치료하면 심장이 좋아지고, 심장을 치료하면 소장이 좋아진다.

■ 사주로 보는 음양 : 丁火와 丙火가 음양 관계로 되어 있어서 내 일간이 丁火 일 때는 丙火를 못쓴다. 丁火는 丙火에 가려지기 때문이다. 그러나 丙火 일간 일 때는 丁火를 쓸 수가 있다.

강의 마무리

- 심장은 丁火, 소장은 丙火이다.
- 丁火와 丙火가 음양 관계이듯이 심장과 소장도 음양 관계이다.
- 丁火 일간인 사주는 丙火로 用神(용신)을 쓰지 않으며 작명도 하지 않는다.
- 丙火 일간인 사주는 丁火를 쓸 수 있다.

38강 四柱 + 心柱

학습목표 心柱(심주) 중요성 알고 바로 세우기

心柱(심주)바로 세우기

지금 무슨 공부를 하고 계시는가요? 사주 공부를 하고 있죠. 왜 사주 공부를 하나요? 취미나 직업으로 계획하고 계실 텐데요. 먼저 내가 나를 빛내면 상대방이 말하지 않아도 나에게 옵니다. 여러분들도 내공을 먼저 쌓으셔야 합니다. 있는 지식으로 풀어 쓰면 샘이 마르듯 퍼 쓸 것이 없습니다.

사주에 心柱(심주)가 하나 더 있습니다. 그래서 五柱(오주)가 됩니다. 사주는 년주, 월주, 일주, 시주 인데 사주를 심주가 끌고 가고 있습니다. 이렇게 되어야 합니다.

명심보감에 列子(열자)라는 분이

"年月日時該載定(연월일시해재정) 算來由命不由人(산래유명불유인)" 즉 "연월일시는 다만 곧 정해져 있으니 계산해 보면 운명(사주팔자)에 말미암아 온 것이지 사람 때문에 온 것이 아니다." 이렇게 운명론을 말씀하셨습니다. 이 말은 좋은 사주는 노력하지 않아도 복 받고, 좋지 않은 사주는 노력해도 안된다는 뜻입니다. 이는 그 시대적 배경이 전쟁으로 세상이 혼탁한 시절에나 통하는 말이지 지금은 그렇게 살면 안 됩니다.

그럼 사주를 이끌고 가는 것이 무엇일까요? 바로 용신입니다. 그런데 용신을 부리는 사람은 바로 나입니다. 나의 心柱(심주)가 나를 이끌고 갑니다. 즉, 마음 따라 사주가 바뀝니다. 내 사주가 나쁘다고 해서 주저앉지 마세요. 차고 일어나야 합니다. 가다 보면 굴곡은 항상 있습니다. 내가 사주에 끌려다니실 겁니까? 내가 사주를 끌고 다니실 겁니까? 내가 사주를 끌고 다녀야 합니다. 운명은 마음 먹기에 달려 있습니다. 마음만 바로 세우면 차고 일어납니다.

열악한 환경 속에서 누구는 역경을 이겨내고, 누구는 포기를 합니다. 긍정적인 삶이냐? 부정적인 사고냐? 이것은 사주를 떠나 삶을 바라보는 태도의 차이입니다. 우리는 사주 공부를 하고 있지만 너무 사주에 끌려다니지 않았으면 합니다. 사주는 살아가는데 필요한 하나의 수단이며 참고사항일 뿐입니다.

사주 명리 첫 입문자들이 빠지기 쉬운 함정

사주를 처음 공부하시는 분들이 꼭 형, 충, 파, 해나 여러 가지 신살 공부를 합니다. 신살 중에 좋은 신살이 적습니다. 거의 말이 험악합니다. 사주 공부를 해서 우리를 도와주는 쪽으로 가야 하는데 術(술) 쪽으로 배우면 부정적인 시각을 늘리게 합니다.

사주 공부는 학문으로 배워야 합니다. 지금 우리가 배우는 공부가 학문으로 배우는 것입니다. 학문으로 배우는 명리 공부가 지혜 공부입니다. 먼저 학문으로 공부하고 나중에 術(술) 쪽으로 가서 겸하면 됩니다.

그런데 術(술) 쪽으로 먼저 접근하면 학문 쪽으로는 공부하기 쉽지 않습니다. 그러면 사람이 추해집니다. 그래서 먼저 학문 쪽으로 공부하고 나중에 술 쪽으로 가면 멋지게 쓸 수 있습니다.

강의 마무리

- 心(심장) = 念通(염통 : 생각 염, 통할 통) = 靈通(령통 : 신령 령, 통할 통)
- 마음을 어떻게 쓰느냐에 따라 사주가 바뀐다. 긍정적인 생각을 하자.

39강 자연은 대우주, 인체는 소우주 1

학습목표 天 = 地 = 人, 생명론 이해하기

자연은 대우주 = 인체는 소우주

天	甲	乙		丙	丁	戊	己	庚	辛		壬	癸						
		원			형			이			정		→		인	의	예	지
		춘			하			추			동		→		생	장	수	장
地	寅	卯	辰	巳	午	未	申	酉	戌	亥	子	丑						人
		동			남			서			북		→		전	후	좌	우
		木			火	土		金			水		→	간	심	비	폐	신

* 천지합일사상

天道(천도)와 地道(지도)와 人道(인도)가 하나다.

天德(천덕)과 地德(지덕)과 人德(인덕)이 하나다.

* 학어집(學語集)

조선 후기 초학 교재로, 어린이들이 쉽게 읽고 그 뜻을 이해할 수 있도록 한 책

* 老子(노자)

道生一 (도생일) 一生二 (일생이)

二生三 (이생삼) 三生萬物 (삼생만물)

天 (하늘)

<학어집>

天有四德(천유사덕)하니 元亨利貞(원형이정)이요.

(하늘에는 사덕이 있으니 원형이정이요.)

天有四時(천유사시)하니 春夏秋冬(춘하추동)이라.

(하늘에는 사시가 있으니 춘하추동이라.)

하늘의 기운을 사람이 받으면

하늘의 四德(원형이정)을 사람이 받으면 -> 仁義禮智(인의예지)가 되고

하늘의 四時(춘하추동)을 사람이 받으면 -> 喜怒哀樂(희노애락)이 된다.

하늘의 기운을 땅이 받으면

天		地
甲乙木	→	寅卯辰木局(인묘진목국)이 된다.
丙丁火	→	巳午未火局(사오미화국)이 된다.
戊己土	→	辰戌丑未土(진술축미토)가 된다.
庚辛金	→	辛酉戌金局(신유술금국)이 된다.
壬癸水	→	亥子丑水局(해자축수국)이 된다.

⬇

하늘의 기운을 사람과 땅이 모두 받는다.

地 (땅)

<학어집>

地有四方(지유사방)하니 東西南北이요. (땅에는 사방이 있으니 동서남북이요)

地有五行(지유오행)하니 木火土金水라. (땅에는 오행이 있으니 목화토금수라)

땅의 기운을 사람이 받으면

땅의 四方(동서남북)을 사람이 받으면 → 전후좌우가 되고

땅의 五行(목화토금수)을 사람이 받으면 → 간심비폐신이 된다.

人 (사람)

仁 = 木 = 생명체 = 주인공 = 人 = 나 (天=地=人)

- 仁義禮智信(인의예지신) 중에서 주인공은? 仁
  - 仁은 인의예지신 중 근본이 되고, 義禮智信(의예지신)을 끌고 간다.
- 仁을 바탕으로 하지 않으면
  - 仁을 바탕으로 하지 않는 義는? 폭력적일 수도 있다.
  - 仁을 바탕으로 하지 않는 禮는? 허례허식에 치우치기 쉽다.
  - 仁을 바탕으로 하지 않는 智는? 냉철하기 쉽다.
  - 仁을 바탕으로 하지 않는 信은? 思考(사고)가 둔할 수도 있다.
- 甲乙木과 寅卯木은 명식에 있든지 대운에서 오든지 庚辛金이나 申酉金에게 다치지 않아야 한다. 木이 주인공이고 생명체이기 때문이다.

천지인은 하나이다. 天 = 地 = 人

■ 천지인은 결국 하나이다.

즉, 天은 地와 人을 가지고 있고, 地는 天과 人을 가지고 있고, 人은 天과 地를 가지고 있다.

⬇

하늘의 기운과 땅의 기운을 모두 받은 것이 사람이다.

형이상학으로 해석 해 보는 天, 地, 人

工(장인 공, 만들 공)	二 (천지) + ㅣ	하늘과 땅을 연결함
巫(무당 무)	二 (천지) + ㅣ +人(인)	하늘과 땅을 연결해 주는 사람
天(하늘 천)	二 (천지) + 人(인)	천,지,인은 하나다.
王 (임금 왕)	三 (천지인) + ㅣ(뚫을 곤)	천지인을 하나로 꿴 모양
仁 (어질 인)	二 (천지) + 人(인)	天 = 地 = 人

강의 마무리

■ 천지인은 결국 하나이다. 사람은 하늘과 땅의 기운을 모두 받았다.

40강 자연은 대우주, 인체는 소우주 2

학습목표 원형이정(자연)과 이름(사람)의 상관 관계 알아보기

자연은 대우주		인체는 소우주
1년	=	나=1身
12개월		12장부=12경락
24절기		갈빗대 24개

→ 자연은 나를 위해 존재한다. 그만큼 나는 존귀한 존재이다.

→ 자연은 대우주 = 인체는 소우주 = 4주 8자

작명의 한자 자원오행과 원형이정

예

利(이)	李 이	7획	亨(형)
	昊 호	8획	
	垣 원	9획	元(원)
		24획	
		貞(정)	

<자연(天) = 사람(人)>

원형이정(자연)			이름(사람)		
元(원)	元格(원격)	봄	초년운	10%	수리 17획(건창격)
亨(형)	亨格(형격)	여름	중년운	10%	수리 15획(통솔격)
利(이)	利格(이격)	가을	말년운	10%	수리16획(덕망격)
貞(정)	貞格(정격)	겨울	전체운	70%	수리 24획(입신격)

1. 字源五行(자원오행)

자원오행 : 한자가 내포하고 있는 의미에 따라 오행을 구분한다.

이름	자원	오행
昊(여름 하늘 호)	日 + 天	오행 중에 火가 들어간 한자(日 = 丙)
垣(담 원)	土 + 亘	오행 중에 土가 들어간 한자

2. 元亨利貞(원형이정)

■ 원형이정 : 만물이 처음 생겨나서, 자라고, 삶을 이루고, 완성되는 근본원리

- 원형이정 중에 정격은 70%를 차지하고 있기 때문에 수리가 잘 맞아야 한다.
- 한자 획수가 홀수와 짝수가 조화를 이루어야 한다.
- 이름자의 획수가 짝수로만 되어 있어도 안되고, 홀수로만 되어도 안된다.
  음과 양이 조화를 이루어야 한다.

작명을 할 때 우선 순위

첫 번째, 한자 字源五行(자원오행)을 우선으로 한다.

- 부족한 오행은 보완해 주고, 넘치는 오행은 빼주는 한자를 선택해야 한다.
- 좋은 작명가가 되려면 한자 공부를 많이 해야 하며,
  한자를 겉으로만 아는 것이 아니라 속뜻까지 잘 알아야 한다.
- 위 이름의 昊垣(여름 하늘 호, 담 원)의 경우 昊는 丙火 조후용신, 垣은 戊土 약신 역할을 할 수 있음을 알 수 있다. 가을이나 겨울생의 한랭한 사주임을 유추할 수 있다.

두 번째, 數理五行(수리오행)

- 수리오행 : 이름 석 자의 한자 획수를 따져서 길흉을 분석하는 이론이다.
- 원, 형, 이, 정이 조화를 이루게 작명한다.

세 번째, 한글 발음 오행(소리오행, 음령오행)

- 발음 오행 : 발음으로 오행을 찾는 방법으로 효명작명은 훈민정음해례본을 따른다. (33강 참조)

조화를 이루는 天, 地, 人

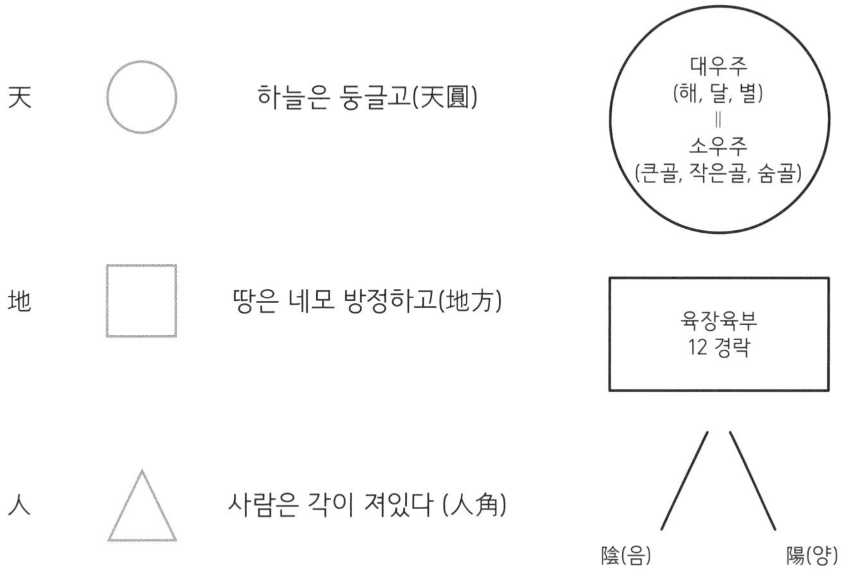

- 우리 몸에 천지인이 다 들어있다.
- 사람은 하늘의 기운인 원형이정과 땅의 기운인 木火土金水를 받았다.

사주 명리 공부의 목적을 알고 실천하기

- 명리공부로 나의 각진 마음을 내 본성으로 되돌아 가서 회복시키자.
- 사주의 조화와 균형을 찾자.
- 사주는 선척적인 기운으로 바꿀 수 없다.
  그래서 이름이나 아호로 부족하거나 과한 오행을 보완해 주어야 한다.
- 사주 : 선천적
- 이름 · 아호 : 후천적
- 天道 = 地道 = 人道 : 조화롭게 되어야 한다.
- 불균형한 것을 바로잡는 공부가 사주 명리 공부이다.
- 지혜를 배워 머리를 맑게 하자.

강의 마무리

- 긍정적인 삶을 살자.
- 사주 명리 공부가 우리를 도와주는 쪽으로 가야 한다.
- 사주를 볼 때 긍정적으로 보고, 부정적인 시각을 늘리면 안 된다.

41강 심포, 삼초 - 丁火, 丙火 2

학습목표 심장,심포=丁火 / 소장,삼초=丙火 개념을 알고, 삼초의 중요성 이해하기

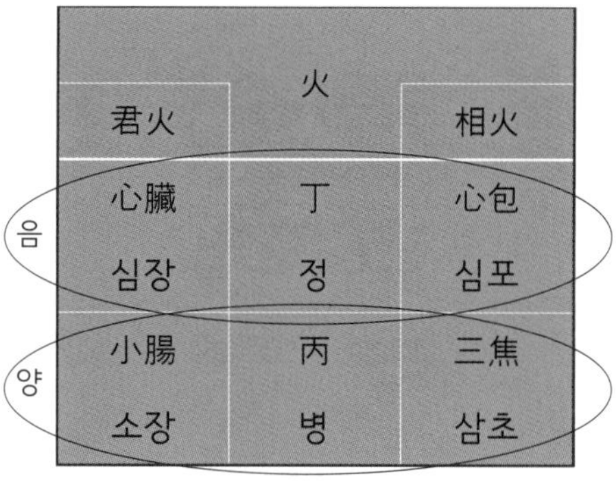

君火(군화) · 相火(상화)

1. 君火(군화) 알아보기

- 君火(군화)는 心臟(심장)과 小腸(소장)이 있다.
- 心臟(심장)은 陰(음), 小腸(소장)은 陽(양)이다.

2. 相火(상화) 알아보기

- 相火는 실질적으로 존재하지 않는 형이상학적 장부이다.
- 相火는 心包(심포)와 三焦(삼초)가 있다.
- 心包(심포)는 陰(음), 三焦(삼초)는 陽(양)이다.

小腸(소장), 三焦(삼초) = 丙火 = 陽(양)

1. 三焦(삼초)

上焦(상초)	中焦(중초)	下焦(하초)
횡격막의 윗부분	횡격막에서 배꼽 사이	배꼽 아래
폐, 심장	간, 담, 비, 위, 소장, 대장	신장, 방광
호흡 / 순환	소화	배설

(3) 三焦(삼초)의 중요성

- 삼초는 호흡과 순환 및 소화하고 배설하는 중요한 역할을 하는 형이상학적 장부이다.
- 흔히 6장 6부보다 5장 6부로 많이 알고 있는데, 이는 심포는 빠져도 삼초는 빠지면 안 된다는 뜻이다.

6장 6부	간/심장/심포/비장/폐/신장→6장	담/소장/삼초/위/대장/방광→6부
5장 6부	간/심장/비장/폐/신장→5장	담/소장/삼초/위/대장/방광→6부

- 동양의학에서 三焦(삼초)는 相火(상화)로 칭하며 실제로 존재하지는 않지만
  상초, 중초, 하초로 인체의 신진대사 전체를 주관하는 핵심 장부이다.
- 三焦 = 丙火
  - 丙火가 없으면 생명체가 자랄 수 없다.
  - 한여름에도 丙火의 역할이 크다. 태양은 사시사철 필요하다. (삼초의 중요성)
  - 사주는 크게 水와 火의 문제로 나누어진다. (한/습 → 水 , 난/조 → 火)
  - 신장, 방광인 하초는 水, 심장인 상초는 火로 인체 또한 水와 火의 구조이다.
  - 삼초가 조화를 이루어야 하는 것처럼 사주에서도 조화가 이루어져야 한다.
  - 사주는 조화와 균형이 되어야 한다.

★ 부수만 알아도 한자를 빠르게 이해한다.

예 包(쌀 포) = 勹(쌀 포) + 巳(자식 사) : 모태에 태아가 싸여 있는 모습

- 包(포) 가 들어있는 한자는 모든 음이 "포"가 된다.
- 어떤 부수가 붙느냐에 따라서 그 의미가 결정된다.
- 한자 학습의 지름길은 214부수를 잘 아는 것이다.
- 추천 유튜브 채널 효정서당 "부수214자"

包와 함께 쓰이는 부수 중 다음 질문에 맞는 부수를 찾아 주세요												
①	②	③	④	⑤	⑥	⑦	⑧	⑨	⑩	⑪	⑫	⑬
口	广	石	衤	扌	月	飠	火	皮	疒	韋	革	魚
입구	집엄	돌석	옷의변	손수변	육달월	밥식	불화	가죽피	병들녁	가죽위	가죽혁	물고기어

1) "안을 포"에 들어가는 부수는? ⑤

扌(손수 변) + 包(쌀 포) = 抱(안을 포) 解 두 팔(扌)로 에워싸(包) 안는다.

2) "절인 어물 포"에 들어가는 부수는? ⑬

魚(물고기 어) + 包(쌀 포) = 鮑(절인 어물 포) 解 물고기(魚)를 소금에 싸서(包) 절인다.

3) "대포 포"에 들어가는 부수는? ③

石(돌 석) + 包(쌀 포) = 砲(대포 포) 解 돌(石)을 넓은 가죽에 싸서(包) 쏘았다.

4) "두루마기 포"에 들어가는 부수는? ④

衤(옷의 변) + 包(쌀 포) = 袍(두루마기 포) 解 온몸을 감싸는(包) 긴 옷(衤 ← 衣)

5) "으르렁거릴 포"에 들어가는 부수는? ①

口(입 구) + 包(쌀 포) = 咆(으르릉거릴 포) 解 입(口) 안에 목소리를 싸 안고(包) "으르렁 거린다."

6) "가방 포"에 들어가는 부수는? ⑪, ⑫

韋(가죽 위) + 包(쌀 포) = 韛(가방 포), 革(가죽 혁) + 包(쌀 포) = 鞄(가방 포)

7) "배부를 포"에 들어가는 부수는? ⑦

飠(밥 식) + 包(쌀 포) = 飽(배부를 포) 解 음식(食)이 뱃속에 가득하게 쌓였다.(包)

8) "부엌 포"에 들어가는 부수는? ②

广(집 엄) + 包(쌀 포) = 庖(부엌 포) 解 먹거리를 싸서(包) 보관되는 집(广)

9) "천연두 포"에 들어가는 부수는? ⑩

疒(병들 녁) + 包(쌀 포) = 疱(천연두 포) 解 물을 싼(包) 것과 같이 부푸는 피부병(疒)

강의 마무리

- 인체에서 三焦(삼초)의 역할이 중요한 것처럼 명리학에서도 丙火의 역할이 크다.

42강 실전사주분석 - 심장병

학습목표 火의 문제로 생기는 병 알아보기

火의 문제 예시 1

	일간		
戊	丙	戊	庚
子	午	寅	辰

나 : 내 기운(火2개)과 나를 돕는 기운(木1개) → 3개

너 : 다른 기운 → 5개

71
丙
戊

유념할 사항
虛火(허화) / 寅午戌火局(인오술화국)

- 신약과 신왕을 살핀다. 3〈5 신약
- 寅月에 丙午 일주로 따뜻하다.
- 명식에 丙火가 있으면 꼭 시간을 확인한다. 寅月의 子時生(자시생)이다.
- 子時는 23:30~01:30분으로 丙火가 虛火(허화)가 되어 달빛과 같다.
- 조후용신 丙火이다. 배우자 궁의 午火는 길이다. 처덕이 있다.
- 습토인 辰土는 흉이다.
- 그림을 그려보면
  - 해(丙)가 둥실 떠 있는 첩첩산중(戊) 바위(庚金)산의 모습이다.
  - 큰 나무(寅)도 있어서 보기 좋다.

71	
丙	→ 용신운으로 길하다.
戊	→ 인오술화국으로 火旺이 되었다. 이때는 습토인 辰土가 吉작용을 한다.

- 건강 문제
  - 火가 흉이 되면 심혈관 질환이 온다.

火의 문제 예시 2

	일간		
甲	丙	戊	乙
午	午	寅	未

나 : 내 기운(火3개)과 나를 돕는 기운(木3개) → 6개
너 : 다른 기운 → 2개

57
甲
申

유념할 사항
木生火 / 지장간 속 火 / 金克木

- 신약과 신왕을 살핀다. 6 〉2 태왕
- 水가 없고 조열하다. 지지가 불바다이다. 가정을 이루기가 어렵다.
  - 운에서 水가 와도 火氣를 막기에는 역부족이다.
  - 습토로 火氣를 빼주는 것이 우선이다.
- 아호 : O 振(떨칠 진)
  - 振(떨칠 진) = 手 + 辰 解 3월에 일손이 바쁘고 만물이 번창한다.
  - 작명은 항상 대운을 잘 보고 해야 한다. '어떤 대운에 힘이 들까?' '필요한 오행이 무엇일까?' 잘 살펴야 한다.

57	
甲	→ 甲木은 흉신이다.
申	→ 申金이 寅木을 극한다. 왕한 木을 간벌하면 좋지만 寅木이 장작이 되어 잘 타서 대흉이다. 破木生火(파목생화) 이때 심장수술을 했음

- 건강 문제
  - 不及(불급)인 신장 水와 太過(태과)인 심장 火의 문제에서, 신장 수술을 먼저 하였다.
  - 조열한 사주에서 없는 水가 병증상으로 먼저 나타난 사례이다.

火의 문제 예시 3

	일간		
癸	丁	戊	辛
卯	亥	戌	亥

나 : 내 기운(火)과 나를 돕는 기운(木) → 2개

너 : 다른 기운 → 6개

43
癸
卯

유념할 사항
약신 戊戌土 / 丁辛沖 / 丁火일간

- 신약과 신왕을 살핀다. 2 〈 6 태약
- 丁癸沖으로 癸水가 丁火를 극하고 있다.
- 병신 水, 약신 戊戌土, 조후용신 丁火
- 戌月에 水가 많아서 병이 중중한데, 戊戌土인 약신도 힘이 있어 吉命이다.
- 이름 간명 : O 瑩(O영)
  - 玉(구슬 옥 : 辛金 부수) 이름자 辛金이 일간인 丁火를 丁辛沖(정신충) 한다.
  - 辛金은 생명체를 극한다. (금극목)
  - 이러한 이유로 이름자에 쓰인 玉(구슬 옥)부수의 瑩(옥돌 영)은 不吉(불길)이다.

43	
癸	→ 丁癸沖(정계충)으로 흉이다.
卯	→ 亥卯반합으로 길이다.

- 丁火 일간 작명 시 유의사항
  - 丁火 일간이면 日 부수를 쓰면 안된다. 丁火가 丙火에 가려진다.
  - 丁火 부수인 火로 작명해야 한다. 예 炤(밝을 소), 炫(빛날 현)

丁火	촛불, 난롯불, 지열, 형광등, 온열	부수 → 火
丙火	태양	부수 → 日

강의 마무리

- 火는 심혈관 질환을 유발하고, 水의 문제인 신장 방광의 질환도 유념해야 한다.

43강 비, 위 - 己土, 戊土

학습목표 비위 알아보고 위장병이 습병인 이유 알아보기

脾(비) = 己土 = 陰(음)

1. 脾(지라 비)

- 脾 = 月(육달 월) + 卑(낮을 비) 解 위장 아래 지라가 있다.
- 췌장
  - 소화작용, 혈당조절작용, 가장 깊숙하게 있는 췌장
  - 陰中之陰(음중지음) : 음 중의 음
- 태음(太陰)

  족태음(발) → 위 → 목 → 혀 (비위가 안 좋으면 구내염이 생긴다.)

胃(위) = 戊土 = 陽(양)

1. 胃(밥통 위)

胃(밥통 위) = 囟(정수리 신) +月(육달 월) 예 식체를 하면 두통이 온다.

〈囟(정수리 신) 부수가 들어간 한자 알아보기〉

- 腦 (뇌 뇌) = 月 + 巛+囟 解 신체에서 털이 난 정수리
- 思(생각 사) = 囟 + 心 解 머리와 마음으로 생각한다.
- 細(가늘 세) = 糸 + 囟 解 누에머리에서 가는 실이 나온다.

2. 위경락 질환

위경락 : 콧마루→ 귀 앞→ 이마→ 목→ 가슴→ 유방→ 위→ 무릎→ 발가락

콧마루, 귀, 이마	얼굴병	위장병이 있는 사람은 안색이 안 좋다.
목, 가슴, 유방	심장병	심장병을 다스릴 때 위경락을 다스린다.
무릎, 발가락	관절염	위가 나쁘면 무릎 관절염이 올 수도 있다.

3. 위장병은 습병이다.

위장병은 辰丑土의 문제가 가장 크다. 위장병은 습병이기 때문이다.

* 辰丑土 = 습토 : 위장병 = 습병

4. 위장의 역할

위는 창고 역할을 한다. 오곡을 소화한다.

신맛→ 간	쓴맛 →심장	단맛→ 비	매운맛→ 폐	짠맛→ 신장

5. 모든 질병치료의 근본은 脾胃(비위)를 다스려야 한다.

- 비위 土는 중앙토이다.
- 중앙토가 튼튼해야 목화금수가 제 역할을 한다.
- 비위가 좋아야 한다.

건강으로 보는 음양관계

- 虛(허) → 不及(불급) : 미치지 못한다. 허약하다.
- 實(실) → 太過(태과) : 지나치다. 항진되다.

비 = 己土 = 음	위 = 戊土 = 양

- 쇠약한 虛(허)는 도와준다. 항진된 實(실)은 억제한다.
- 脾(비)와 胃(위)는 음양 관계로 비를 치료하면 위가 좋아지고, 위를 치료하면 비가 좋아진다.
- 비와 위는 음양 관계로 되어 있듯이, 사주에서도 己土와 戊土가 음양 관계로 되어 있다.

강의 마무리

- 습토가 흉신이 되면 위장병이 될 가능성이 크다.

44강 실전사주분석 – 위장병

학습목표 건토와 습토가 사주에 미치는 영향 알아보기

土의 문제 예시 1

편재	일간		
壬	戊	辛	丙
子	子	丑	午
정재	정재		

나 : 내 기운(土2개)과 나를 돕는 기운(火2개) → 4개

너 : 다른 기운 → 4개

36
丁
丑

유념할 사항
戊子일주 / 丑土 / 官 의 유무

- 신약과 신왕을 살핀다. 4 〉4 신왕 (丑月의 戊土)
- 水 3 병신, 무토 약신, 조후용신 丙火
- 木이 없다. 木이 있는 것이 좋을까? 없는 것이 좋을까?
  - 丑月의 많은 물을 건토인 戊土가 막아 주고 있다. 土를 극하는 木은 대흉이다.
  - 木이 없는 것이 더 좋다.
  - 戊土 입장에서는 木이 官(남편)이 된다. 미혼이다.
- 항상 오행이 다 있는 것이 좋은 것은 아니다. 이 사주는 木이 없는 것이 길하다.
- 하지만 木이 없으면 貴(귀)가 부족하다.
- 돈이 많은 사주이다. 왜 그럴까?
  - 水는 육친으로 財(돈)이다. (토극수)
  - 물(財)이 건토(戊土) 속으로 흡수되어 저장되고 있다.
  - 대개 戊子일주가 財(돈)가 많다.
- 한자만 개명 : O允塾(진실로 윤, 글방 숙)

允(진실로 윤)= 厶(사사 사) + 儿(어진사람 인) 解 사사로움을 등진 어진 사람

塾(글방 숙) = 熟(익을 숙) + 土(흙 토) 解 이치를 익혀 알도록 터에 세운 글방

■ 개명을 할 때 한자만 바꾸기는 쉽지 않다.

- 한자 자원오행, 수리오행 및 한글 발음오행을 모두 맞추기가 어렵다.
- 약신인 戊土를 써서 개명하고, 조후용신 丙火는 아호로 보충하였다.

■ 아호 : 曉O(효O)

曉 (새벽 효)= 日(丙火) + 堯(戊土) 解 새벽에 해가 산 위로 둥실 떠 오르는 모습

조후용신 丙火와 약신 戊土를 함께 쓴 호이다.

■ 건강 문제

- 丑이 습토라서 위장병이 있다. 위장병으로 피부병이 생길 수 있다.
- 명식에 丑土가 있는데 대운에서 丑土가 오면 어김없이 피부병이 생긴다.
- 丑土는 습토이면서 찌꺼기土이다. 丑土는 寅月의 싹을 틔우기 위한 土이다.

土의 문제 예시 2

	일간		
癸	丁	丙	庚
卯	丑	戌	子

나 : 내 기운(火2개)과 나를 돕는 기운(木1개) → 3개

너 : 다른 기운 → 5개

43
辛
巳

유념할 사항
丁辛沖(정신충) / 辛金

■ 신약과 신왕을 살핀다. 3〈5 신약

■ 丙火와 戊中 丁火로 조후가 되어 있다.

■ 丙火가 卯를 봐서 미인이고 재주꾼이다.

■ 43세 대운 丁辛沖으로, 丁火가 꺼져 습기가 득세한다. 습토 → 위장병 증상

■ 이름에 玉(구슬 옥)자가 辛金으로 일간인 丁火를 극한다. 丁辛沖(정신충) 예 O珍O

■ 丑中 辛金이 卯木을 극 하고 있다. (금극목)　* 丑 지장간 : 癸辛己

- 卯가 좌불안석이 된다. 조심성이 많은 성격이고 예민하다.

- 간 건강에 조심해야 한다.

土의 문제 예시 3

	일간		
庚	癸	庚	丙
申	卯	寅	寅

나 : 내 기운(水1개)과 나를 돕는 기운(金3개) → 4개

너 : 다른 기운 → 4개

	18	8
3년→	戊	己
7년→	子	丑

유념할 사항
通關(통관) / 金克木

■ 4 〈 4 신약. 크게 보면 금생수, 목생화로 水와 火로 이루어진 구조이다.

■ 조후용신 丙火

■ 寅中 丙火가 뿌리가 되어 조후용신이 힘이 있다.

■ 이름 간명 : O智永(지영)

智(지혜 지) = 知 + 日(丙火) 解 해처럼 밝게 아는 지혜

永 (길 영) 解 물이 합쳐 길게 흐른다.

* 조후용신 丙火와 통관 길신 水가 같이 있는 좋은 이름이다.

■ 통관 길신 水는 왜 이름자 두 번째에 넣어야 좋을까?

- 지지에서 申金이 卯木을 극 하고 있다. (금극목)

- 이런 경우 水로 통관시켜야 한다. (금생수 → 수생목)

■ 丙火는 조후용신, 水는 통관 길신, 水를 막는 戊土는 흉신이다.

■ 18대운은 戊癸合으로 흉이다.

강의 마무리

■ 건강과 사주는 직결된다.

45강 폐, 대장 – 辛金, 庚金

학습목표 폐(辛金), 대장(庚金) 알아보기

肺(폐) = 辛金 = 陰(음)

1. 肺(허파 폐) 알아보기

- 肺 = 月(육달 월) + 巿(앞치마 불) 解 폐는 앞치마 같은 역할을 한다.
  - 폐는 산소와 이산화탄소가 교환이 되는 곳이며, 먼지를 걸러주는 앞치마와 같은 역할을 한다.
- 폐는 호흡을 관장한다. 폐는 調息(고를 조, 숨쉴 식)의 문제이다.
  - 호흡 → 氣 → 기운 (매운맛은 기운을 나게 한다.)
  - 기운을 나타내는 예 : 어깨는 폐의 지붕이다. 시험에 낙방하면 어깨가 축 처진다. 나이가 들면 어깨가 구부정해 진다.
- 肺(폐) = 辛金(신금) : 폐는 보석과 같은 작용을 한다.

大腸(대장) = 庚金 = 陽(양)

1. 大腸(대장) 알아보기

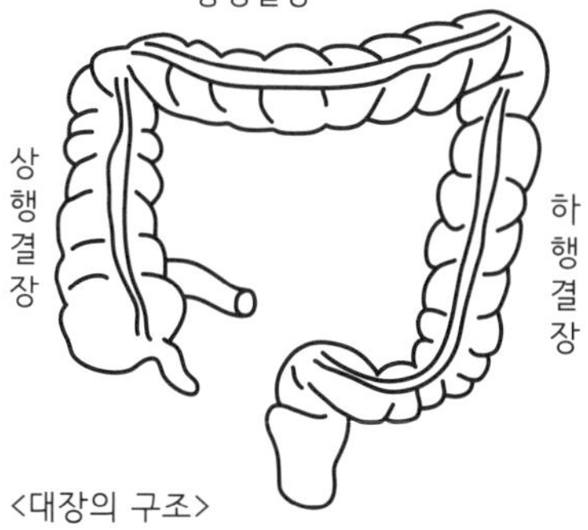

<대장의 구조>

■ 대장의 길이 : 성인 경우 약 1.5m

■ 상행결장 : 맹장 끝에서 우결장곡으로 이어지는 부분

■ 횡행결장 : 상행결장에서 하행결장으로 이어지는 결장

■ 하행결장 : 비장곡에서 시작해 S상결장으로 연결되는 소화기관 중 마지막 부분

숙변이 차이는 곳은 하행결장이다.

숙변이 있는 경우 배꼽 옆 좌측을 누르면 우측보다 아픈 경우가 더 많다.

■ 해독하는 장기 → 간, 대장

■ 신경성 대장 증후군

- 스트레스로 인하여 대장에 기능장애를 일으킨다.

- 마음에 해독이 안 되면 腸(장)에도 문제가 생긴다.

건강으로 보는 음양 관계

■ 虛(허) → 不及(불급) : 미치지 못한다. 허약하다.

■ 實(실) → 太過(태과) : 지나치다. 항진되다.

폐 = 辛金 = 음	대장 = 庚金 = 양

■ 쇠약한 虛(허)는 도와준다. 항진된 實(실)은 억제한다.

■ 대장과 폐는 음양 관계로 대장을 치료하면 폐가 좋아지고, 폐를 치료하면 대장이 좋아진다.

■ 사주에서도 똑같이 적용된다.

목화토금수 → 간심비폐신

- 辛金은 폐질환 庚金은 대장질환인데,
  辛金이 대장증상으로 庚金이 폐증상으로 나타나는 경우도 있다.
- 질환은 음양을 함께 봐야 하며, 辛金 庚金을 따지지 말고 金의 문제로 보자.
- 명리에서는 목화토금수→ 간심비폐신으로 보자.

木의 문제	→	간병
火의 문제	→	심장병
土의 문제	→	비위병
金의 문제	→	폐병
水의 문제	→	신장병

강의 마무리

- 질환은 음양의 허와 실로 보자. 사주도 마찬가지이다.

46강 실전사주분석 – 폐, 대장병

학습목표 金의 문제로 생기는 병 알아보기

金의 문제 예시 1

	일간		
戊	庚	庚	甲
寅	戌	午	午

나 : 내 기운(金2개)과 나를 돕는 기운(土2개) → 4개
너 : 다른 기운 → 4개

65
丁
丑

유념할 사항
寅午戌火局(인오술화국)/ 破木生火(파목생화)

- 신약과 신왕을 살핀다. 4=4 기운일 때 月을 본다.
- 일간 庚金이 月支(월지) 午火로 극을 받아 신약이 되었다. 4 〈 4 신약
- 地支가 寅午戌火局(인오술화국)으로 火氣가 강하다.

  *인오술화국 : 寅木을 午火로 태워서 무덤(戌)으로 끌고 간다.

  - 화극금보다 먼저 寅木이 타는 것이다.
  - 간이 문제가 된다. 木=肝(간), 신경성질환
  - 겨울생의 인오술화국과 여름생의 인오술화국은 다르다.
  - 여름생의 인오술화국은 흉이다.
- 庚金이 甲木을 극하고 있다. 큰 도끼로 나무를 쪼개어 장작을 만들면 불에 더 잘 타게 된다.

  → 破木生火(파목생화)
- 천간의 파목생화, 지지의 인오술화국으로 일간인 庚金이 녹고 있다.
- 庚金은 대장의 문제인데 폐암으로 투병 중이다.

■ 폐와 대장은 음양 관계이다.

폐의 문제가 대장으로 나타나기도 하고, 대장의 문제가 폐로 나타나기도 한다.

■ 아호 : O甫(클 보)

- 甫 : 대표적인 습토 글자이며, 밭에서 싹이 나는 글자(갑골문)

- 아호나 이름자에 甫(클 보)를 넣으면 火氣를 흡수하는 큰 역할을 한다.

金의 문제 예시 2

	일간		
己	辛	丁	癸
未	未	巳	巳

나 : 내 기운(金1개)과 나를 돕는 기운(土3개) → 4개

너 : 다른 기운 → 4개

65
庚
戌

유념할 사항
배우자 궁 / 丁辛沖 / 仁 = 木

■ 신약과 신왕을 살핀다. 4 〈 4 巳月生이라 약간 신약하다.

■ 未中 丁火로 지지가 불바다이다. 未 지장간 : 丁乙己

■ 지지가 조열해서 가정이 불안정하다.

■ 배우자 궁 未中 丁火가 丁辛沖으로 나를 힘들게 한다.

■ 50세가 넘어 출가 하였는데 법호가 O仁이다.

■ 木은 오상으로 仁이다. 목생화로 火氣만 키워서 흉이다.

65
庚
戌

→ 일간이 辛金일 경우 庚金은 흉이다. 부딪친다. 辛金은 庚金이 싫다.

■ 보석이 火 속에서 살려고 하니 지속해서 움직여야 한다.

■ 두뇌가 명석하고 부지런하다.

金의 문제 예시 3

	일간		
壬	庚	丁	丁
午	寅	未	亥

나 : 내 기운(金1개)과 나를 돕는 기운(土1개) → 2개
너 : 다른 기운 → 6개

61
庚
子

유념할 사항
壬水용신의 뿌리 / 지장간의 火

- 이름간명 : O 鍾(술병 종)
- 쇠북 종과 술병 종 자해
  - 鐘(쇠북 종) = 金 + 童(아이 동) 解 아이의 울음소리처럼 종소리가 고음이 난다.
  - 鍾(술병 종) = 金 + 重(무거울 중) 解 무거운 쇠 술잔, 술병.

  鐘(쇠북 종)이 鍾(술병 종)보다 金氣가 더 강하다.

  鍾(술병 종)을 쓰면 보통 술을 잘 마신다.
- 신약과 신왕을 살핀다. 2 〈 6 태약
- 未月에 午時生으로 조열하다. 水 조후용신이다.
- 壬水 용신의 뿌리 亥水와 庚金으로 용신이 힘이 있다. (금생수)
- 너무 뜨거운 지지로 인해 庚金인 내가 지속적으로 시달림을 받고 있다.
- 아호 : 至鏞(지용)
  - 至(이를 지) = 矢(화살 시) + 土 解 땅바닥에 그려놓은 과녁에 화살이 이른다.
  - 鏞(큰 종 용) = 金 + 庸(중용 용) 解 소리를 중화시켜 내는 큰 쇠종

강의 마무리

- 항진(태과)된 것도 병이고, 허(불급)한 것도 병이다. 허와 실 모두 병이다.

47강 신장, 방광 – 癸水, 壬水

학습목표 신장 방광 알아보기

腎(신) = 癸水 = 陰(음)

1. 腎(콩팥 신)

- 腎 = 臤 [굳을 간 : 臣(신하 신) + 又(손 우)] +月(육달 월)

  解 신하가 왕 앞에서 손을 굳게 잡은 것처럼 굳세어야 할 신체 부위인 콩팥(신장)
- 신장 = 하초=뿌리 = 몸의 뿌리 = 水
- 다른 말로 불알신이라고도 한다. (생식기)

2. 신장(콩팥)의 역할

- 오줌을 만든다.
- 혈액 중 유해 물질을 제거해 주며 혈액을 끊임없이 맑게 해준다.

  심장은 위에 있고 신장은 아래에 있어서 심장병이 곧 신장병이고 신장병이 곧 심장병이다.

  심장은 혈액을 내보내고 신장은 그 혈액을 깨끗하게 해주니 결국은 같다.
- 신진대사의 근본을 이룬다.
- 두 개의 신장은 짝으로 균형을 이룬다.
- 하초에서는 신장이 안정되어야 하고, 상초에서는 심장과 폐가 안정되어야 한다.

3. 河圖(하도)

고대 중국에서 팔괘의 효시가 되는 그림

1, 6	水	물
2, 7	火	불
3, 8	木	생명
4, 9	金	형상
5, 10	土	중앙

<오행의 상생 관계>

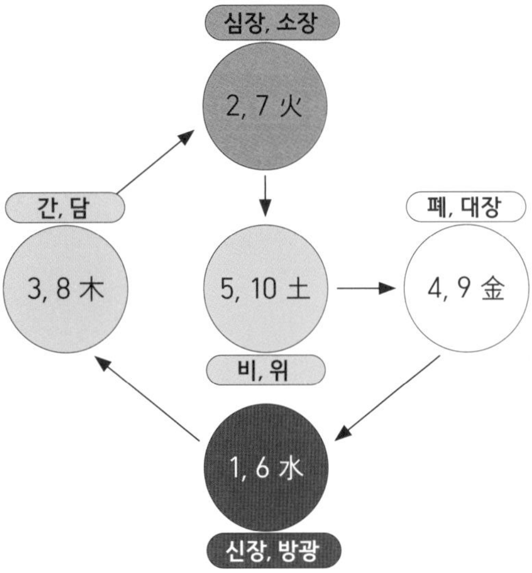

膀胱(방광) = 壬水 = 陽(양)

1. 膀胱(방광)

- 膀(오줌통 방) = 月(육 달 월) + 旁(곁 방) 解 신장 곁에 있는 오줌통
- 胱(오줌통 광) = 月(육 달 월) + 光(빛 광) 解 반짝반짝 빛나야 할 방광

2. 방광의 역할

- 하단전(下丹田) : 배꼽 아래 손가락 두 마디 정도 거리의 신장 아래쪽
- 근육을 주관 : 간-외부근, 방광-내부근
- 방광경락

  눈안쪽 - 정수리 - 뒷골 - 목(경추) - 등(흉추) - 엉덩이(요추) - 다리(아킬레스건) - 새끼 발가락

  - 방광경 제1선, 방광경 제2선이 있으며 등 전체를 주관한다.

  - 인체의 후면 병을 차지하는 것이 방광경이다.

숫자로 알아보는 자연은 대우주, 인체는 소우주

脊椎(등뼈 척, 등골 추)

자연	인체
북두칠성	경추 7개
1년 12달	흉추한쪽12개
5, 10 土	요추 5개
	엉치뼈 5개
	꼬리뼈 4개

33

33
- 33 대천세계
- 제야의 종소리 33번
- 독립선언서를 발표한 민족대표 33인
- 정격의 33획은 가장 강한 수리

水昇火降(수승화강)

1. 물의 기운은 올라 가야하고 화의 기운은 내려와야 한다.

- 昇(오를 승, 해 돋을 승) = 日(날 일) + 升(오를 승) 解 해가 위로 올라간다.
- 降(내릴 강) = 阝+ 夂(천천히 걸을 쇠) + 㐄(걸을 과) 解 언덕에서 천천히 내려온다.

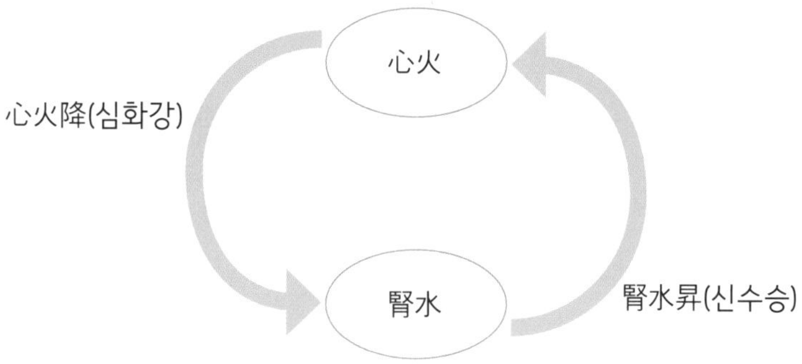

- 腎水昇(신수승) : 신장의 水氣는 위로 올라가야 하고 → 水昇
- 心火降(심화강) : 심장의 火氣는 아래로 내려와야 한다. → 火降
- 뿌리에서 빨아들인 물은 위로 올라가야 하고 → 水昇
- 태양은 땅으로 비쳐야 한다. → 火降

2. 火氣가 내려오지 않고 위로만 올라가면 어떻게 될까?

- 上氣(상기), 上沖(상충)된다고 하며, 기의 순환이 안 되는 것이다.
- 頭寒足熱(두한족열) : 머리는 차게, 발은 따뜻하게 해야 한다. → 건강의 척도이다.

3. 주역 괘 중에서

- 天地否卦(천지비괘) : 하늘과 땅이 막혔다.

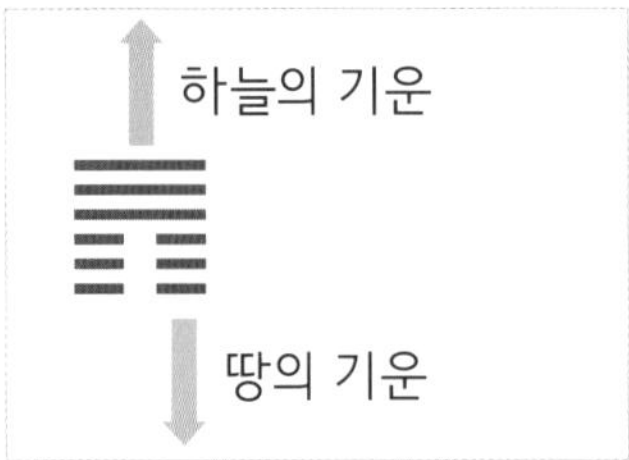

하늘의 기운은 올라가고 땅의 기운은 내려가
음양이 서로 만날 일이 없다.

- 地天泰卦(지천태괘) : 하늘과 땅이 서로 통한다.

  하늘 기운은 내려와야 하며 땅의 기운은 올라가서 음양이 만나 만물이 잘 자란다.

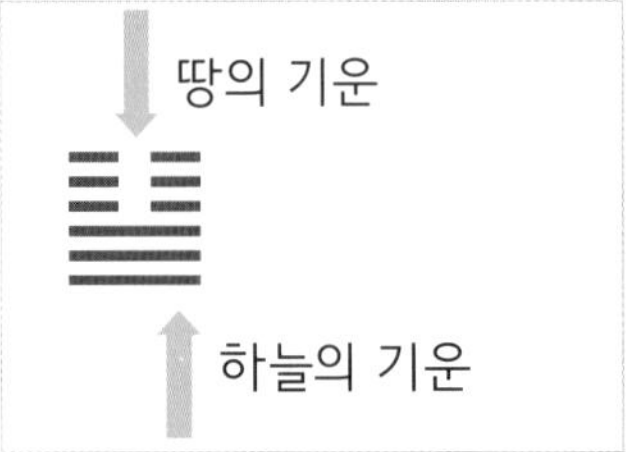

서로 통하니 만물이 잘 자란다.
주역 64괘 중 가장 좋은 괘이다.

강의 마무리

- 자연도, 우리 몸도, 주역 지천태괘도 모두 수승화강으로 이루어져 있다.

48강 실전사주분석 - 신장, 방광

학습목표 水가 많은 사주의 작명 방법 알아보기

겨울생 한습사주의 좋은 이름과 아호

일간

庚	乙	戊	庚
辰	酉	子	子

나 : 내 기운(木1개)과 나를 돕는 기운(水2개) → 3개
너 : 다른 기운 → 5개

55
壬
午

유념할 사항
겨울철 水 / 나를 도와주는 이름

- 신약과 신왕을 살핀다. 3 〈 5 신약
- 子月(음11월)인데 火가 없다. 水 病神(병신), 金 仇神(구신), 戊土 藥神(약신)
- 戊土는 겨울철 방수, 방풍, 보온, 제습 역할을 한다.
- 子月生으로 몸이 차다. 현재 午火운으로 길하다.
- 이름 간명 : O載熙(실을 재, 빛날 희 : 따뜻함을 항상 싣고 다닌다.)

  熙자에 丁火(灬 불 화 발)의 기운이 있어 잘 지어진 이름이다.
- 아호 : 夏容(여름 하, 담을 용)

  겨울철 한냉 사주가 여름 속에 담겨서 살았으면 하는 바람의 작호이다.

水가 많은 사주의 개명 사례

	일간		
癸	癸	甲	乙
亥	亥	申	酉

나 : 내 기운(水4개)과 나를 돕는 기운(金2개) → 6개

너 : 다른 기운 → 2개

유념할 사항
陳 자해

- 신약과 신왕을 살핀다. 6 〉2 태왕
- 水 病神(병신), 金 仇神(구신)
- 戊土 藥神(약신) → 亥中 戊土, 申中 戊土
- 丙火 조후 정용신이다.
- 이름 간명 : 賑O(진O)

  賑(구휼할 진) = 貝(재물 패) + 辰(습토)

  - 申월에 水旺(수왕)한데 이름에 습토가 흉이다.
- 이름(한자) 개명 : 陳O(진O)
  - 효명작명 구독자가 아들 이름을 직접 개명한 사례
  - 陳(베풀 진) = 阝(언덕 부) + 東 (木 + 日) **解** 동쪽 언덕에 초목이 무성하게 펼쳐져 있다.
  - 陳속에 戊土, 甲木, 丙火의 세 가지 오행이 갖추어져 있다.
  - 본인이 필요한 오행이 다 포함된 한자이다. 귀한 자이다.

강의 마무리

- 사주팔자는 선천적 기운이지만 이름은 후천적 기운이다.
- 이름으로 필요한 오행을 보완, 보충해 줄 수 있다.

7단원

용신론(用神論)

용신론은 명리학의 가장 중요한 과제이다.
조후(調候)용신을 으뜸으로 하고
다음으로 통관(通關)용신과 억부(抑扶)용신이 많이 쓰인다.
이 단원을 특히 용맹정진 한다면 한 줄기 빛을 만나게 될 것이다.
참으로 어려운 긴 시간을 인내하여 얻은 결과이다.
우공이산(愚公移山)이다.

49강 調候(조후)의 중요성

학습목표 용신론의 뜻과 조후에 대해 충분히 이해하기

用神論(용신론) 字解(자해)

■ 用(쓸 용) 解 대나 싸리 등으로 엮은 것을 생활 필수품으로 쓴다.

■ 神(귀신 신) = 示(제사 시) + 申(펼 신) 解 우주 만물을 펼치고 길흉화복을 내려 주는 신

■ 論(의논할 론) = 言(말씀 언) + 侖(책 뭉치 륜, 미쁠 륜) 解 핵심 되는 말을 좋게 말한다.

調候(조후)에 대해 알아보기

■ 調(고를 조) = 言(말씀 언) + 周(두루 주) 解 말을 두루두루 고르게 한다.

■ 候(날씨 후, 살필 후) = 亻(사람 인) + 丨(뚫을 곤) + 矦(과녁 후)

解 사람이 과녁에 화살을 쏠 때 날씨를 잘 살펴야 한다.

1. 조후란 무엇일까?

- 조후는 기후(寒暖燥濕 한난조습)를 분별하는 것이다.
- 한난조습을 분별하는 것이 조후용신이다.
- 용신중에서도 조후용신이 가장 으뜸이다.

2. 六藝(육예)로 알아보는 조화된 조후의 중요성

- 六藝 (여섯 륙, 재주 예) : 옛 선비들이 익혀야 할 6가지 덕목

禮	樂	射	御	書	數
예	악	사	어	서	수
예절	음악	활쏘기	승마	글	수리

➡ 6가지 덕목이 조화를 이루면 삶의 질을 한단계 올려준다.

* 육예처럼 사주도 조후가 맞아야 한다.

3. 생활 속의 조화로 알아보는 조후의 중요성

5音	調和(조화)	5음이 화음을 이루면 조화
5味	調味(조미)	5가지 맛이 조화를 이루면 조미
피아노 조율	調律(조율)	피아노 건반의 표준음을 맞추는 것은 조율(조화)
날씨(기후)	調候(조후)	날씨가 조화롭게 되는 것은 조후

강의 마무리

- 용신중에 조후 용신이 가장 중요하며, 조후는 五行으로 한난조습(水, 火)을 분별해야 한다.

50강 조후용신과 억부용신에 대하여

학습목표 조후용신과 억부용신 이해하고 용신의 뿌리 중요성 알기

사주는 水와 火의 문제 -한난조습

水

	寒(찰 한)		濕(젖을 습)	
천간	壬	癸	己	
지지	亥	子	辰	丑
방합	亥子丑水局			
삼합	申子辰水局			

*寒(한)을 더해 주는 글자 : 庚, 辛, 申, 酉

→ 金生水

*濕(습)을 더해 주는 글자 : 己, 辰, 丑(습토)

火

	暖 (따뜻할 난)		燥(마를 조)	
천간	丙	丁	戊	
지지	巳	午	戌	未
방합	巳午未火局			
삼합	寅午戌火局			

*火를 더해 주는 글자 : 甲, 乙, 寅, 卯

→ 木生火

*火를 더해 주는 글자 : 戊, 戌, 未(건토)

調候用神(조후용신)에 대하여

■ 水와 火가 어떻게 조화를 이루고 있는가?

■ 또 조화를 이루려면 필요한 오행은 무엇인가?

■ 여름생은 水조후용신, 겨울생은 火조후용신을 대부분 쓴다.

■ 용신중에서 가장 중요한 용신은? 조후용신이다.

抑扶用神(억부용신)에 대하여

- 抑(누를 억) = 手(손 수) + 卬(우러를 앙) 解 무릎을 꿇고 손으로 억누르다. 강한 오행을 억누르다.

- 扶(도울 부) = 手(손 수) + 夫(남편 부) 解 지아비를 붙들어주며 돕는다. 약한 오행이나 약한 일간을 도와준다.

■ 억부용신 : 강한 오행은 눌러주고 약한 오행은 도와주는 용신

■ 조후가 되어 있으면 그 다음에 억부로 본다.

■ 태과한 에너지가 어떤 오행인지, 부족한 에너지가 어떤 오행인지 살핀다.

■ 내가 필요한 오행을 木으로 쓸 것인가, 火로 쓸 것인가, 土로 쓸 것인가, 金으로 쓸 것인가, 水로 쓸 것인가를 찾아서 용신으로 한다.

오행	木	火	土	金	水
오상	仁 인	禮 예	信 신	義 의	智 지

용신이 힘이 있으면?

■ 나머지 오행들이 잘 따라오며, 역경이 와도 헤쳐 나갈 힘이 있다.

■ 용신이 힘이 없으면(無力하면) 삶이 고달프다.

■ 용신이 힘이 있으려면 용신의 뿌리가 지지에 있어야 한다.

■ 通根(통근 : 통할 통, 뿌리 근)이 되면 힘이 있다.

용신론 예시 1

	일간		
己	庚	戊	戊
卯	午	午	戌
		월	

■ 신약과 신왕을 살핀다. 5 〉3 신왕

■ 午月生(음력 5월)으로 조후용신은 水이다.

■ 여름철 필요한 水를 막는 건토는 최악이다. 건토(戊戌土)

■ 건토를 제압해 주는 木이 약신이다. (억부→ 木 약신)

■ 사주의 火氣를 가늠해보는 방법

- 더운 午월(음력 5월)에 태어났을 경우 천간에 火가 있는지 본다.
- 時를 확인한다. 卯時라서 火氣가 약한 시간이다.

■ 일간인 庚金은 午火로 인해서 살아 움직이는 金이다. 활동한다.

■ 내 기운이 강해서 火에 끌려다니지 않는다. 배우자 궁이 좋다.

■ 己卯 구조에서 卯木이 己土에서 싹(乙)이 트면 乙庚合金을 한다.
乙庚合金으로 庚의 기운을 도와 주는 형국으로 아내가 좋다.

■ 卯가 육친으로 正財(아내)가 된다. 財가 좋은 역할을 하니 재물도 있다.

■ 아호 : 桑源(뽕나무 상, 근원 원)

桑(뽕나무 상) = 十 + 十 + 十 + 木 : 숫자 48을 나타냄. (十十十十 + 八)

源(근원 원) = 水 + 原(广+泉) **解** 바위틈에 물이 떨어져 샘이 생긴다.

- 조후용신 水와 木 약신을 넣은 작호
  정년퇴직을 앞둔 회원분께 앞으로 48년 동안 무병장수를 기원하는 의미의 아호이다.

  * **주의!** 신생아나 나이가 어린 사람에게는 桑(상)을 쓰기가 어렵다.

용신론 예시 2

	일간		
癸	壬	甲	辛
卯	午	午	丑
		월	

56
庚
子

- 신약과 신왕을 살핀다. 3〈5 신약
- 午月生(음 5월)으로 조후용신은 水이다.
- 丑土 지장간의 癸水가 용신의 뿌리가 된다. 그러나 용신의 뿌리가 너무 멀리 있다.
- 명식에 丑土는 火氣를 흡수하니 길하다.
- 아호 : 滋O (자O)

  滋(불을 자) = 水(물 수) + 艹(풀 초) + 絲(실 사) **解** 가느다란 새싹이 물을 머금고 잘 자라는 모습

  - 조후용신 水를 넣은 작호
- 사주에 丑土가 있으면 3D 직종에 종사하면 길하다.
- 좋은 운이 올 때 자신과 맞는 업종을 선택하면 희망적이다.
- 대운을 잘 받으면 대발한다.

56	
庚	→ 金生水로 길하다.
子	→ 水 용신인 庚子운이 大吉(대길)하다.

용신론 예시 3

	일간		
丁	己	癸	戊
卯	亥	亥	申
		월	

46
戊
午

- 신약과 신왕을 살핀다. 3〈5 신약
- 겨울 생이 물이 많고 癸水로 인해 겨울비가 내리고 있다. 水 → 病, 戊土 → 藥神
- 조후 정용신 丙火이다. 명식에 卯木이 있기 때문에 丁火보다는 丙火가 좋다.

■ 이름이나 아호로 丙火와 戊土를 쓴다.

■ 아호 : 晸垣 (정원)

晸(해 뜨는 모양 정) = 日(날 일) + 政(다스릴 정) 解 해가 떠서 만물을 다스린다.

垣(담 원) = 土(흙 토) + 亘(뻗칠 긍) 解 흙담이 펼쳐진 넓은 땅

조후용신 丙火와 약신 戊土를 넣은 아호

■ 대운

46	
戊	→ 약신인 戊土가 와서 길하다.
午	→ 午火는 火의 뿌리가 된다. 용신이 힘을 받는다.

■ 용신이 힘을 받으면?

승진도 되고, 돈도 생기고, 자녀도 잘되고, 여러 가지가 길하다.

■ 약신운에 대발한다. 戊土의 역할 : 방수, 방풍, 보온, 제습

강의 마무리

■ 조후를 우선으로 본다. 사주에 조후가 되어있으면 그다음 억부로 살핀다.

■ 사주는 음양오행의 조화와 균형을 판별하는 것이 우선이다.

51강 水病神, 土藥神

학습목표 水가 병이 되었을 때 戊土가 약신이 되는 개념 이해하기

예시 1

	일간		
辛	庚	癸	己
巳	戌	酉	亥

65	55	45	35	25	15
丙	丁	戊	己	庚	辛
寅	卯	辰	巳	午	未

- 신약과 신왕을 살핀다. 5 〉3 신왕
- 庚戌魁罡(괴강 : 으뜸 괴, 북두성 강) 일주이다.
- 酉月(음8월) 金 제왕월에 금생수로 물이 많다. 가을에는 많은 물이 필요하지 않다.
- 水 → 病神, 金 → 仇神
- 戊土(건토) → 약신, 조후용신 → 丙火
- 배우자궁에 약신(戌 지장간 戊土)이 있다. 부부의 정이 좋다.
- 巳火와 戌土 속 丁火로 庚金이 움직이고 있다. 활동력이 있다. 庚金은 火가 있어야 활동한다.
- 巳火 속의 丙火는 庚金을 명예롭게 한다.
- 전체적인 대운의 흐름이 남방 火운과 동방 木운의 따뜻한 기운이어서 길하다.

45	
戊	→ 월간 癸水와 戊癸合火되어 길신 작용을 한다.
辰	→ 약신 戊土와 辰戌沖되어 흉운이다.

예시 2

	일간		
辛	壬	丁	庚
亥	寅	亥	子

61
庚
辰

- 신약과 신왕을 살핀다. 6 〉 2 태왕
- 亥月(음10월)에 壬水생이다. 물이 너무 많다.
- 월간 丁火에 뿌리가 되는 寅中의 丙火가 있다. *寅 지장간 : 戊丙甲
- 寅中의 丙火가 조후용신이다.
- 水가 많아서 병이다.
- 水를 막아주는 戊土가 약신이다. 약신인 戊土가 寅木과 亥水 지장간에 있어 길하다.
  병을 치료해 주는 약신을 중요하게 보아야 한다.
- 배우자궁의 寅中 丙火 조후용신과 戊土 약신이 있어서 처덕이 있다.
- 개명 : 智垣 (지원)

  조후용신 丙火, 약신 戊土를 넣어 필요한 에너지를 보충

  - 智(지혜 지) = 知(矢 + 口) + 日 解 해처럼 밝게 아는 지혜가 있다.
    → 밝게 만물을 기를 수 있는 글자
  - 垣(담 원) = 土 + 亘 解별자리에 있는 커다란 담 → 戊土

■ 이름에 智(지혜 지)가 있는 사람의 특징

- 자기가 갈 목표를 알고 행하며, 갈팡질팡하지 않고 심신이 안정되어 자기의 할 일을 다 한다.

■ 이름에 "원" 을 넣을 때

- 사주에 물이 많은 경우에는 戊土가 필요하다.

예 垣(담 원)

- 사주가 조열한 경우에는 壬水가 필요하다.

예 洹(물 이름 원), 沅(강 이름 원), 湲(물 흐를 원)

강의 마무리

■ 水가 병이면 건토는 약신이다.

52강 통관용신에 대하여

학습목표 통근, 억부용신, 통관용신 개념 파악하기

通根(통근)

- 通根(통할 통, 뿌리 근) : 천간과 지지가 서로 통하는 것.
- 용신이든 약신이든 통근이 되면 힘이 있다.

〈通根(통근) 이해하기 예〉

	일간		
丙	戊	辛	壬
辰	寅	亥	午

- 신약과 신왕을 살핀다. 4 〈 4 신약
- 亥月生으로 내가 극을 하느라(토극수) 힘을 빼고 있어서 약간 신약하다.
- 조후용신 丙火가 寅中 丙火와 午火에 통근이 되어 있다.
- 丙火가 통근으로 힘이 있어 조후가 되어 있다.
- 亥月에 水가 많다.
- 水를 막아주는 戊土가 약신이다.
- 戊土의 뿌리가 辰土에 통근이 되어 약신이 힘이 있다.
- 이 사주는 약한 듯 하면서도 약하지 않고 목화토금수가 조화를 이루었다.

  이런 사주를 中和(중화)되었다고 한다.

抑扶(억부)

- 抑扶(누를 억, 도울 부)
- 강한 기운은 눌러 주고 약한 기운은 도와 준다.

  ㉠ 水가 많아서 병이 되었을 때 건토로 눌러준다. → 抑(누를 억)

  ㉠ 水가 약할 때는 金으로 도와줘야 한다. → 扶(도울 부)

사주를 볼 때 우선 순위

- 첫 번째, 조후를 우선으로 본다.
- 두 번째, 조후가 되어있으면 억부로 본다.

조후는 "신약이나 신왕을 따지지 않는다" 이해하기

- 조후를 가늠할 때 신약이나 신왕을 따지지 않는다.

	일간		
◎	壬	◎	◎
◎	申	丑	◎

㉠ 신약 사주일 때 壬水인 내가 신약하다고 하여

나를 돕는 金이나 水를 용신으로 쓰면 겨울철에 추위만 더할 뿐이다.

- 丑月에는 조후용신을 火로 쓰는 것이 마땅하다.
- 조후는 신약이나 신왕을 따지지 않아야 한다.

通關(통관)

- 通(통할 통) = 辶(쉬엄쉬엄 갈 착) + 甬(물 솟을 용) 解 물이 솟듯 힘차게 뚫고 나간다.
- 關(관계할 관, 문빗장 관)= 門(문 문) + 絲(실 사) + 丱(북의양귀 관) 解 문빗장을 열어서 통한다.

金木相爭(금목상쟁)일 때 통관

- 金木相爭(금목상쟁) : 金과 木이 서로 싸운다.
- 금목상쟁이 되면 木이 다치게 되는데 이런 경우에 水로 통관시킨다.
- 金이 木을 극하지 않도록 水가 가운데서 중재 역할을 하는 것이 통관이다.

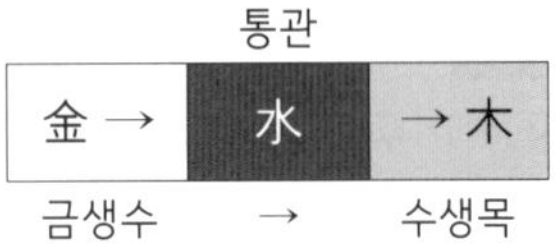

강의 마무리

- 천간과 지지가 통근 되면 힘이 있다.

53강 작명으로 통관용신 쓰는 법

학습목표 吉(길)작용 통관과 凶(흉)작용 통관 알아보기

오행으로 알아보는 통관

극

木	克	土	목극토
土	克	水	토극수
水	克	火	수극화
火	克	金	화극금
金	克	木	금극목

통관

木 →	火 →	土	목생화 → 화생토
土 →	金 →	水	토생금 → 금생수
水 →	木 →	火	수생목 → 목생화
火 →	土 →	金	화생토 → 토생금
金 →	水 →	木	금생수 → 수생목

대운까지 꼭 살펴서 작명하자

- 명식뿐만 아니라 대운도 꼭 살펴야 한다.
- 명식에 木이 있으면 대운에서 金이 들어왔을 때를 대비해서 水로 통관시킨다.
- 마찬가지로 명식에 金이 강할 때 운에서 언제 木이 오는지 잘 살펴서 이 또한 水를 넣어 줘야 한다.
- 작명뿐만 아니라 분만택일을 정할 때도 대운까지 살핀다.

통관이 吉(길) 작용을 하는 경우

일간

庚	甲	庚	辛
◎	申	◎	◎

⇒ 신약관왕 : 일간이 약하고 관이 많은 사주
많은 관들이 甲木을 치고 있다. → 七殺(칠살)

■ 일간 甲木이 金으로 둘러싸여 있다. 이런 경우에 통관 水가 필요하다.

■ 금극목으로 甲木이 극을 받고 있어 水로 통관시켜 木을 보호한다.

대운에서도 金운이 언제 오는지 잘 살펴야 한다.

통관이 凶(흉) 작용을 하는 경우

	일간		
甲	甲	庚	◎
辰	寅	◎	◎

■ 甲寅 일주이며, 건록이다.

■ 甲木이 옥토인 辰土에 뿌리를 내려서 튼튼하다.

■ 甲寅이나 甲辰은 甲木의 기운이 강하다.

- 이런 경우 庚金은 간벌의 역할로 길 작용을 한다.
- 그런데 壬水로 인해 통관이 되어 庚金이 간벌을 못하게 되면 凶작용을 한다.

■ 금생수, 수생목으로 木의 기운만 키워주니 凶이다.

■ 신약인 경우 통관은 길작용을 하며, 신강인 경우 통관은 흉이 된다.

따라서 통관은 내 기운이 약할 때와 금목상쟁일때이다.

이름에 통관 용신 사용 예시 1

	일간		
丙	乙	乙	庚
戊	卯	酉	子
정재		월	

55	45
辛	庚
卯	寅

■ 酉月(가을)의 乙木이 丙火를 보았다. 乙木의 이상향은 丙火이다.

■ 조후용신 丙火. 丙火가 時柱(시주)에 있어서 노후가 좋다.

■ 오행이 두루 갖춰져 있다. 금생수 → 수생목 → 목생화 → 화생토로 잘 순환되는 사주이다.

■ 戌土가 子水를 극하여 한기를 막아준다.

■ 財(돈)가 많다.

- 酉月에 庚金, 乙木, 卯木으로 곡식(돈)이 주렁주렁 달린 모습이다.

- 酉月에 乙木은 곡식이 된다.

- 酉月에 천간 庚辛金, 지지 申酉金이 같이 있어야 곡식(재물)이 된다.

■ 대운

55	45	
辛	庚	→ 金은 명식의 乙木을 극한다. 흉이다.
卯	寅	→ 木운은 길이다.

■ 작명할 때는 대운을 잘 살펴야 한다.

■ 金이 오는 대운을 잘 살펴서 통관하는 水를 넣어 작명한다.

■ 이름 간명 : 澯 O

澯 (맑을 찬) = 水(물 수) + 粲(정미 찬) 解 깨끗이 도정한 쌀처럼 물이 맑다.

이름자 첫 자에 澯은 통관용신인 水를 넣은 吉名(길명)이다.

■ 이름으로 “찬” 을 쓸 때

- 水가 필요한 이름에는 → 澯(맑을 찬)

- 丁火가 필요한 이름에는 → 燦(빛날 찬)

이름에 통관 용신 사용 예시 2

	일간		
甲	甲	乙	丁
戌	戌	巳	卯
		월	

- 巳月生이며 여름의 甲木으로 4 〈 4 신약
- 巳月에 필요한 水가 없다. 水가 없으면 水용신이라는 말을 쓰지 않는다.
- 이 명식에서는 이론상 木용신이다.
- 그러나 작명할 때는 정용신 水를 넣는다.
- 木용신은 임시로 사용한다. 假用神(가용신 : 거짓 가, 임시 가)
- 대운

46	36	
庚	辛	→ 金이 들어와 木을 극한다. 흉이다.
子	丑	→ 습토운이나 水운은 길운이다.

- 이름 간명 : 泰 O
  - 泰(클 태) = 大 + 廾 + 水 解 물을 뒤집어쓰고 목욕하는 모습
  - 이름자 첫 자에 水가 들어간 泰(클 태)는 吉名(길명)이다.
- 水를 용신으로 쓸 때는 명식에 戊戌土가 있으면 흉이다. (토극수)
- 乙木과 卯木이 습목인데 水가 없어서 丁火에 상처를 받는 형국이다.
- 肝(간)에 문제가 생길 수 있다.

강의 마무리

- 金과 木의 관계를 잘 봐야 하며, 생명체가 다치면 내가 다치는 것과 같다.
- 통관은 내 기운이 약할 때 필요하다. 금목상쟁일 때도 필요하다.

54강 사주와 이름의 상관관계

학습목표 나에게 필요한 에너지를 이름에 넣어 보기

예시 1

	일간		
丁	丙	丁	辛
酉	午	酉	酉

- 金과 火로만 이루어진 구조이다.
- 화극금으로 많은 火가 金을 녹이려고 하나 金 제왕월인 酉月에 金氣도 강하고 午中 己土(습토)로 인해 金이 버티고 있다. * 午지장간 : 丙己丁
- 녹지는 않지만 보석(辛酉)이 상처를 받고 있어 흉이다.
- 酉月(가을)이라 열매(金)가 있는 형국이다. 그러나 열매가 익지 못하는 아픔이 있다.
- 이름 간명 : 榮春(영춘)
  - 榮 (영화 영) = 熒(빛날 형) + 木(나무 목)

    解 꽃이 크고 빛나는 오동나무는 영화가 있다. → 丁火가 들어간 한자
  - 春 (봄 춘) = ++(풀 초) + 屯(진칠 둔) + 日(날 일)

    解 햇빛을 받아 풀이 무성하게 싹 트는 봄 → 丙火가 들어간 한자
  - 명식에 많은 火가 있는데 이름에도 火가 들어가 있어서 개명이 필요하다.
- 개명 : 振汎(진범)
  - 振(떨칠 진) = 手(손 수) + 辰(3월 진) 解 3월의 옥토에서 만물이 펼쳐지고 일손이 바쁘다.
  - 汎(넘칠 범) = 水(물 수) + 凡(무릇 범) 解 물이 충분한 데서 배가 간다. 물이 넘친다.
  - 습토(辰)로 火氣를 흡수하고, 水를 더해서 조후를 해야 한다.

예시 2

	일간		
己	己	戊	丁
巳	未	申	未
		월	

65	55
乙	甲
卯	寅

- 신약과 신왕을 살핀다. 7 〉1 태왕
- 화생토 → 토생금으로 土를 뺄 수 있다.
  - 申金으로 土를 泄氣(설기 : 샐 설, 기운 기) 되는 것이 길 작용이다.
  - 申金은 설기가 가능하나 酉金은 작아서 설기가 안된다.
  - 그러나 土가 많아서 申金 하나로 설기 하기에는 무리이다.
- 가을에 많은 土와 火기운으로 조열하다.
- 조후용신 水
- 대운

65	55	
乙	甲	→ 연간 丁火투간 : 木生火로 吉하다.
卯	寅	→ 木克土로 凶하다.

- 강의 내용 정정
  - 전체가 土 기운이다.
  - 종왕격 : 土從(토종) = 土體(토체) = 土用(토용)
  - 土의 세력을 막는 木이 病神(병신)이다.

예시 3

	일간		
壬	辛	甲	壬
辰	酉	辰	戌
정인		정인	정인

- 신약과 신왕을 살핀다. 5 〉3 신왕
- 土多金埋(토다금매) : 土가 많아서 金이 묻힌다.
- 辛酉 일주인데 土가 많아서 토다금매가 될까?
  - 크기로 봐서는 토다금매가 되지만 에너지로 봐서는 되지 않는다.
  - 辛酉가 에너지가 크다. 또 壬水가 옆에 있으면 辛金이 더 빛난다.
  - 壬水가 辛金을 계속 씻어주어서 辛金을 빛나게 한다.
  - 그래서 토다금매가 되지 않는다.
- 토생금으로 印星(인성)이 많아서 신왕사주가 되었다.
- 土(인성)가 많아 인성이 凶이다.

  印星(인성)이 흉이 되면 보통 유학, 기숙사 생활 등 고향이나 부모 곁을 일찍 떠난다.
- 土가 병이면 병을 치료해 주는 木이 약이다.
- 이름 간명 : 柔林(유림)
  - 柔(부드러울 유) = 矛(창 모(金)) + 木(나무 목) → 辛金을 더 강하게 해주고 빛나게 해줘서 토다금매를 면하게 된 한자
  - 林(수풀 림) = 木(나무 목) + 木(나무 목) → 약신인 木이 많이 들어간 한자
  - 이름에 金은 나(辛金)의 에너지를 강하게 만들며,

    木은 많은 土를 제압해주므로 아주 훌륭한 작명이다.
- 辛金일간에 壬水가 옆에 있으니 두뇌가 명석하다. 壬水가 辛金을 씻어주어 빛나게 하기 때문이다.
- 辛酉 일주는 예민하고 자존심이 강하다. 완제품이기 때문이다.

■ 乙木은 예술 방면에 뛰어나다. * 辰 지장간 : 乙癸戊

■ 辰月에 火가 없고 습토가 있어서 한습 사주이다. 하지만 戊土가 물을 막아 주고 있어 길하다.

■ 생명체가 크려면 火氣가 필요하다. 아호를 지을 때는 丙火가 좋다.

강의 마무리

■ 이름이나 아호에는 용신, 약신을 넣어 작명이나 작호 한다.

55강 한난조습론(寒暖燥濕論) - 1

학습목표 내 사주는 한난조습 중에 어디에 해당할까? 알아보고 필요한 에너지 찾기

한난조습 사주

寒(찰 한) : 찬 사주	가을, 겨울 + 金水多
濕(젖을 습) : 습한 사주	가을, 겨울 + 습토(己土, 辰土, 丑土) + 습목(乙卯木)
寒濕(한습) : 차고 습한 사주	가을, 겨울 + 金, 水 + 습토
暖(따뜻할 난) : 따뜻한 사주	丙火, 丁火가 적당하면 따뜻한 사주이다.
燥(마를 조) : 조열한 사주	여름 + 火多 + 건토(戊土, 戌土, 未土)

丙火 · 丁火 한자 알아보기

1. 丙火 → 日(빛 에너지)

昇	旰	旻	旼	晉	明
해 돋을 승	해 돋을 우	가을하늘 민	화락할 민	나아갈 진	밝을 명

2. 丁火 → 火(열 에너지)

炫	炷	營	榮	赤	赫
빛날 현	심지 주	경영할 영	영화 영	붉을 적	빛날 혁

* 榮(영화 영) = 熒(빛날 형) + 木 → 丁火의 기운이 강하다. (목생화)

丙火와 丁火를 같이 가지고 있는 한자

◉ 차가운 사주 또는 겨울 생이 가지면 좋은 글자

丙, 丁火	炅	夏	南	晟	炳
	빛날 경	여름 하	남녘 남	밝을 성	불꽃 병

丙火와 戊土를 같이 가지고 있는 한자

◉ 겨울생 한습 사주의 이름에 좋은 글자

- 暻(밝을 경) = 日 + 景[日 + 京{高(높을 고)} + 丘{언덕 구(戊土)}] 解 해가 뜨면 밝다.
  *日(날 일)이 두개인 것은 볕(햇살)을 강조하는 것이다.
- 曉(새벽 효, 깨달을 효) = 日(날 일) + 堯{높을 요(戊土)} 解 새벽에 높은 산 위로 해가 둥실 떠오르는 모습.

한난조습의 강약 알아보기

최악 ← 중화 → 최악

한습 > 한냉 > 한 > 냉 > **난** < 열 < 조 < 조열

사주의 신왕과 신약을 떠나서 조후를 가늠하여 작명한다.

- 한습 할 때 필요한 조후는? 丙火 丁火 / 건토(戊戌土)
- 조열 할 때 필요한 조후는? 壬水 / 습토(辰丑土)
- 조열함에도 癸水로 작명하지 않는 이유는?
  - 이름에 雨(비 우)와 관련된 한자로 작명하게 되면 평생 비 오는 상황이 된다.
    그래서 癸水와 관련된 雨를 써서 작명하지 않는다. 예 露(이슬 로), 霜(서리 상), 雲(구름 운)

■ 조열한 사주에서 습토는 火氣를 흡수하여 길한 작용을 한다.

이름에 습토 한자를 써서 필요한 에너지를 보완한다.

예 留(머무를 류), 甫(클 보), 周(두루 주), 振(떨칠 진)

* 辰(3월 진)은 습토 한자이지만 이름자에 쓸 수 없다. 천간 지지 한자들은 불용문자이다.

辰戌丑未의 중요성

지지	월	습 / 건	지장간	생명체가 자라는 환경으로 본 지장간 해석
辰	3월	습토	乙癸戊	봄비가 내려 옥토에 싹이 올라온다. 생명이 잘 자란다.
未	6월	건토	丁乙己	6월 열토이지만 己土가 있어 생명이 자란다.
戌	9월	건토	辛丁戊	辛金이 있어 자갈밭으로 木이 뿌리내리기 어렵다.
丑	12월	습토	癸辛己	辛金이 있어 자갈밭으로 木이 뿌리내리기 어렵다.

◉ 辰戌丑未가 중요한 이유

3개월마다 환절기에 辰戌丑未가 오고 세운에서는 3년마다, 대운에서는 30년마다 辰戌丑未가 온다. 건토 또는 습토에 따라서 한난조습을 변화시키는 핵심 요인이 된다.

예시 1 한습사주

	일간		
庚	庚	癸	戊
辰	子	亥	申

■ 신약과 신왕을 살핀다. 5 〉3 신왕

■ 申子辰水局으로 水旺(수왕)하다.

■ 火가 없는 사주이다. 지장간에도 火가 없다.

■ 水 → 病神, 金 → 仇神

■ 건토인 戊土가 약신이다. 명식에 戊土가 있어서 大吉(대길)이다.

- 丙火나 丁火를 넣어 작명한다.
- 아호 : O 厚(후)

  - 厚(두터울 후) = 厂(언덕 엄) + 冃(수건 모) + 子(아들 자)

  解 아이를 수건으로 여러 겹 싸듯이 언덕이 두텁게 쌓여 있다. → 큰 戊土

예시 2 조열사주

	일간		
己	甲	丁	丁
巳	午	未	未

53	43
癸	壬
丑	子

- 신약과 신왕을 살핀다. 1 〈 7 태약
- 火가 많아서 병이다. 未月에 水가 필요하다. (조후용신 水)
- 未土속에 乙木은 생명력이 강하다. 선인장으로 비유할 수 있다. *未 지장간 : 丁乙己
- 대운

43	
壬	→ 水용신이 강하게 와서 길하다.
子	

53	
癸	→ 水운이 와서 길하다.
丑	→ 火氣가 습토(丑)속으로 흡수되니 길하다.

- 아호 : O 涌(용)

  涌(물솟을 용) = 水(물 수) + 甬(솟을 용) 解 물이 계속 땅에서 솟아오른다.

예시 3 한습사주

	일간		
戊	甲	壬	壬
辰	子	子	申

12
庚
戌

- 신약과 신왕을 살핀다. 5 〉3 신왕
- 火氣가 없다.
- 申子辰水局에 辰土(습토)가 있어 한습이 되었다.
- 戊土로 물을 막아주니 水多木浮(수다목부)는 면했다.
- 水 → 病神, 戊土 → 藥神
- 時柱(시주) 戊辰이 힘이 있고 申中 戊土도 吉하다.
- 겨울철 甲木은 쉬고 있어서 水를 뺄 수가 없다. 水生木이 안된다.
- 대운

12
庚
戌

→ 학업에 매진할 때 약신인 戌土가 와서 길하다.

- 사주에 조후가 부족해도 약신 운에 대발한다.

강의 마무리

- 사주를 긍정적으로 보는 눈을 계속 길러야 한다.
- 내 사주의 좋은 점을 찾아서 그것을 눈여겨보자.

56강 한난조습론 - 2

학습목표 한난조습 사주 풀어보기

예시 1 한습사주

	일간	정관	
壬	己	甲	丁
申	丑	辰	丑

- 신약과 신왕을 살핀다. 5 〉3 신왕
- 辰月의 申時(15:30~17:30)는 태양이 지는 시간이다.
- 이 사주의 특징은 土가 모두 습토로만 되어 있는 것이다.
- 土 → 病神, 木 → 藥神
- 辰月은 辰中 癸水 하나만으로 충분하다.

  辰月(음력 3월)은 자연에서 많은 물을 요구하지 않기 때문이다. *辰지장간 : 乙癸戊
- 甲木(생명체)은 태양을 보고 자라야 한다. 명식에 생명체가 있으면 丙火를 조후 용신으로 많이 쓴다.
- 己土는 丁火를 반긴다. 土는 생명체를 키우는 역할이여서 丙丁火의 火氣를 반긴다.
- 이 명식에서 丁火가 있고 丙火는 없지만, 봄에는 甲木이 잘 자라야 할 때이므로 조후 정용신은 丙火이다. 그러므로 작명 시 丙火를 쓴다.
- 甲辰으로 甲木이 튼튼하다. 木이 정관으로 길 작용을 한다. (관: 직장, 직위)
- 甲木(약신)이 부모궁 자리에 있어 부모덕이 있다.
- 작명 시 이름자 위에는 丙火, 아래에는 木을 쓴다.
- 작명할 때 이처럼 두 가지 오행을 쓰는 경우가 한 가지 오행을 쓰는 경우보다 더 많다.
- 작명 시 丙丁火의 기운을 같이 쓰는 한자를 넣는 것도 좋다. 예 炅(빛날 경), 夏(여름 하)

  *夏(여름 하)는 불용문자가 아니다.

예시 2 조열사주

	일간		
己	甲	庚	己
巳	子	午	巳

41	31
乙	甲
亥	戌

- 신약과 신왕을 살핀다. 2 〈 6 태약
- 午월의 巳時로 지지가 조열하다. 조후용신 水
- 지지에 火가 많을 때 천간에 火가 없어서 다행이다.
  - 만일 천간에 丙丁火가 있으면 천지간에 열기가 소통하게 된다.
  - 지지는 조열하나, 천간에 火가 없고, 습토(己)가 있다.
- 戊戌土가 없어서 다행이다. 水 용신에서 최악은 명식에 있든지, 운에서 오든지 戊戌土(건토)이다.
- 신약 사주로 甲乙木, 寅卯木운이 길하다.
- 대운

31	
甲	→ 신약한 나(본원)의 기운을 도와주는 木이 길하다.
戌	→ 戊土는 水용신을 막아 흉이다.

41	
乙	→ 乙庚合金이 되어 흉이다.
亥	→ 亥水는 용신운으로 길하다. 亥子丑 水운으로 길운이다.

- 용신인 水가 배우자궁에 있어서 처복이 좋다. 일찍 결혼하면 좋다. 그 기운을 받기 때문이다.

예시 3 한습사주

	일간		
庚	戊	甲	癸
申	子	子	丑

- 신약과 신왕을 살핀다. 2 〈 6 태약
- 子月에 金水가 많고 습토(丑)가 있어서 한습하다.
- 습토는 겨울에 필요한 火氣를 흡수하기 때문에 흉이다.
- 水가 많아서 병이다.
- 병이 된 水를 더해주는 金은 仇神(구신)이다. 구신 : 庚申金
- 水를 막아주는 戊土 약신이다.
- 약신이 자기 일간 戊土이다.
- 약신인 戊土가 년주(초년), 월주(중년), 시주(말년)에 있는 것 보다 일간에 있으면 제일 좋다.
- 약신인 戊土의 뿌리가 丑土에 있어서 힘이 있다.
- 申中 戊土가 있어서 뿌리가 된다. *申 지장간 : 戊壬庚
- 건토인 戊土는 방수, 방풍, 보온, 제습의 역할을 한다.
- 작명할 때 이름자 첫 글자에는 丙火, 아래 글자에는 戊土를 쓴다.
- 명식에 丙火는 없지만 생명체 甲木이 있으므로 정용신으로 丙火를 이름에 쓴다.

강의 마무리

- 사주 명식에 정용신이 없어도 작명은 정용신을 넣어 작명한다.

57강 천간의 뿌리, 통근 보는 법

학습목표 천간의 뿌리를 알아보고, 그 뿌리의 강도 파악하기

甲木 · 乙木의 뿌리 알아보기

甲木 / 乙木
寅卯辰, 亥卯未

甲/乙의 뿌리가 되는 지장간의 木		
辰中 乙木	未中 乙木	亥中 甲木

- 방합 : 寅卯辰木局, 삼합 : 亥卯未木局
- 甲乙木의 뿌리는 지지의 寅卯辰, 亥卯未 이다.
- 용신이 木일 경우 寅卯辰, 亥卯未는 용신의 뿌리가 되어 힘이 있다.

丙火 · 丁火의 뿌리 알아보기

丙火 / 丁火
巳午未, 寅午戌

丙/丁의 뿌리가 되는 지장간의 火		
未中 丁火	戌中 丁火	寅中 丙火

- 방합 : 巳午未火局, 삼합 : 寅午戌火局
- 丙丁火의 뿌리는 지지의 巳午未, 寅午戌이다.
- 용신이 火일 경우 巳午未, 寅午戌은 용신의 뿌리가 되어 힘이 있다.
- 丙火가 있을 때 통근이 되는 뿌리의 강도는 時支(시지)로 파악한다.
  - 午月에 午時이면 통근이 되어 火氣가 강하다.
  - 寅時는 寅中 丙火로 火氣가 있다. *寅 지장간 : 戊丙甲
  - 戌時는 넘어가는 해이다. 12운성의 墓(무덤 묘)이다.
  - 통근이 되는 뿌리의 강도 : 丙午 〉 丙寅 〉 丙戌

戊土 · 己土의 뿌리 알아보기

戊土 / 己土
辰戌丑未, 寅申巳亥, 午

지장간의 土				
寅中 戊土	申中 戊土	巳中 戊土	亥中 戊土	午中 己土

- 戊己土의 뿌리는 지지의 辰戌丑未, 寅申巳亥, 午火이다.
- 寅申巳亥 餘氣(여기)는 戊土이다.
- 午火는 지장간 己土가 있다. * 午 지장간 : 丙己丁
- 용신이 土일 경우 辰戌丑未, 寅申巳亥, 午는 용신의 뿌리가 되어 힘이 있다.
- 土는 火와 生死를 같이 한다. 12운성도 똑같다.

庚金 · 辛金의 뿌리 알아보기

庚金 / 辛金
申酉戌, 巳酉丑

지장간의 金		
戌中 辛金	丑中 辛金	巳中 庚金

- 방합 : 申酉戌金局, 삼합 : 巳酉丑金局
- 庚辛金의 뿌리는 申酉戌, 巳酉丑 이다.
- 용신이 金일 경우 申酉戌, 巳酉丑은 용신의 뿌리가 되어 힘이 있다.
- 월지로 보면 통근이 되는 뿌리의 강도 : 酉月 〉 申月
  - 月로 보면 酉月이 申月보다도 金氣가 더 강하다. 酉月은 제왕월이기 때문이다.

壬水 · 癸水의 뿌리 알아보기

壬水, 癸水
亥子丑, 申子辰

지장간의 水		
丑中 癸水	辰中 癸水	申中 壬水

- 방합 : 亥子丑水局, 삼합 : 申子辰水局
- 壬癸水의 뿌리는 亥子丑, 申子辰 이다.
- 용신이 水일 경우 亥子丑, 申子辰은 용신의 뿌리가 되어 용신이 힘이 있다.

통근 실전 사주 예시 1

	일간		
己	丙	丙	甲
亥	戌	寅	辰

- 寅월의 亥時면 춥다. 丙火 조후 용신이다.
- 용신의 뿌리가 있으면 용신이 힘이 있고, 뿌리가 없으면 용신이 힘이 없다.
- 丙火 용신의 뿌리는 寅中 丙火, 戌中 丁火가 있고 통근이 되어 용신이 힘이 있다.
  용신이 有力하면 고난을 당하더라도 헤쳐 나갈 힘이 있다.
- 일간이 용신이 되면 자기 용신 또는 비겁 용신이라고 한다.
- 일간을 용신으로 쓰면 아주 부지런하다.

통근 실전 사주 예시 2

	일간		
辛	壬	丁	丙
丑	辰	酉	午

- 신약과 신왕을 살핀다. 3 〈 5 신약
- 그러나 그리 신약하지 않는 이유는
  - 壬辰일주로, 壬辰은 水庫(수고 : 물창고)이다.
  - 辰中 癸水, 丑中 癸水가 있어 통근이 되고 있다.
- 이 사주는 크게 水와 火로 나누어 진다.
- 酉월은 가을이 깊어 가고 있는 계절로, 햇살이 따끈따끈해야 곡식이 잘 영근다.
  辰中 乙木이 있어 정용신을 丙火로 한다.

- 辰中 乙木은 丙火를 봐서 가을에 곡식이 될 가능성이 크다.
- 이름자 첫 번째에 丙火를, 이름자 두 번째에는 木을 넣어서 작명한다.

강의 마무리

- 내가 신약 할 때는 통근이 되면 길하다. 반대로 내가 신강한 경우에는 통근이 되면 흉이다.
- 통근이 되면 용신에 힘이 생긴다.

58강 사주의 병과 약, 아주 쉽게 보기

학습목표 "病(병)이 있으면 藥(약)이 있어야 한다." 이해하기

여름철 사주의 병과 약

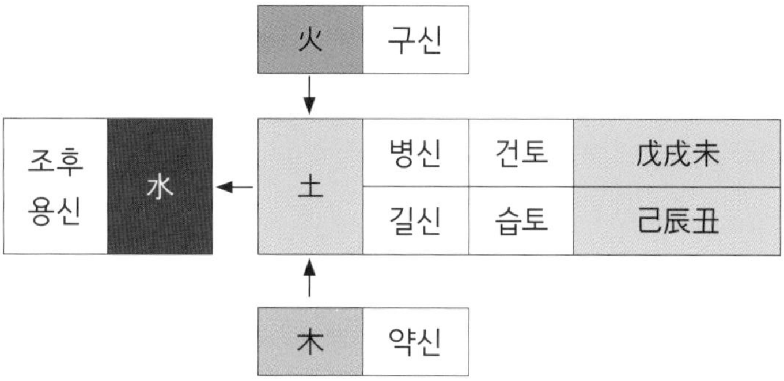

- 여름 생의 조후 용신은 대부분 水이다.
- 용신 水를 극하는 土는 病(병)이 되기도 하고 吉(길)이 되기도 한다.
  - 건토(戊土, 戌土, 未土)는 病神(병신)이다.
  - 건토는 여름철에 필요한 水를 막아 凶(흉)이다.
  - 습토(己土, 辰土, 丑土)는 吉神(길신)이다.
  - 습토는 火氣를 흡수하고 辰土, 丑土 지장간에 癸水가 있다.

  * 辰 지장간 : 乙癸戊, 丑 지장간 : 癸辛己
- 병을 도와주는 火는 仇神(구신). (화생토)
- 병을 극하는 木은 藥神(약신). (목극토)

신왕관왕 사주 · 신왕재왕 사주 개념 파악하기

- 身旺官旺(신왕관왕)사주 : 내 일간도 강하고 관성도 강한 사주
  - 일간인 木이 많아서 신왕 할 때 金(관)이 와서 간벌을 해주면 좋다.
    이때 금극목하는 金(관)도 왕하면 "신왕관왕하다." 라고 한다.
  - 신왕관왕 사주 : 나도 왕하지만 官(관)도 왕하다. 병도 깊지만 약도 왕하다.
  - 신왕관왕 사주는 귀격이다.
  - 반대로 일간인 木이 약할 때는 金(관)이 왕하면 흉이 된다.
- 身旺財旺(신왕재왕)사주 : 내 일간도 강하고 재성도 강한 사주
  - 일간인 木이 많아서 신왕 할 때 목극토하는 財(재)도 왕하면 "신왕재왕하다." 라고 한다.
  - 신왕재왕 사주 : 나도 왕하지만 財(재)도 왕하다. 병도 깊지만, 財(재)도 왕하다.

여름철 사주의 火가 旺할 때 병과 약

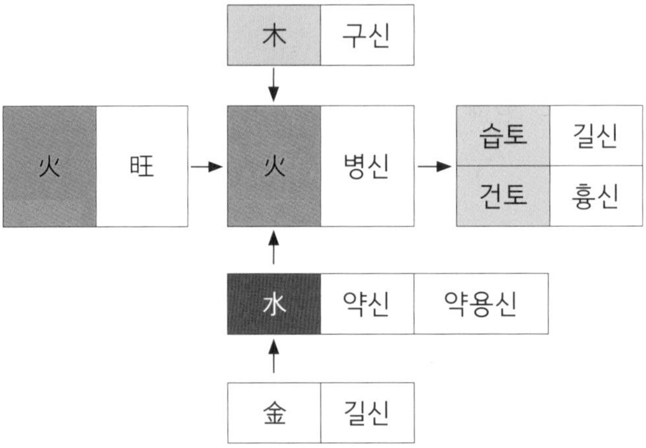

- 火가 병이 될 때는 병을 돕는 木은 구신이다. (목생화)
- 水는 용신도 되고 약신도 되어서 약용신이다.
- 水가 약용신일 때 약용신을 도와주는 金은 길신이다. (금생수)

■ 여름철 火가 왕 한 경우 가장 나쁜 글자는?

- 건토(戊土, 戌土, 未土)이다. 건토는 여름철에 필요한 水를 막는다.

■ 여름철 火가 왕한 경우 가장 좋은 글자는?

- 습토(己土, 辰土, 丑土)이다. 습토는 火氣를 흡수하므로 火가 왕할 때는 水보다 습토가 우선이다. 水 + 습토, 습토 + 水

■ 작명 시 습토 한자 : 留(머무를 류), 甫(클 보), 周(두루 주), 振(떨칠 진)

"조후는 지지 중심이다." 이해하기

■ 작명할 때는 지지를 중심으로 용신을 쓰는 경우가 많다.

■ 대운 10년 중에 천간은 3년, 지지는 7년을 받는다.

■ 작명할 때는 조후용신을 이름자 두 번째에 쓰는 것이 좋다.

겨울철 사주의 水가 旺할 때 병과 약

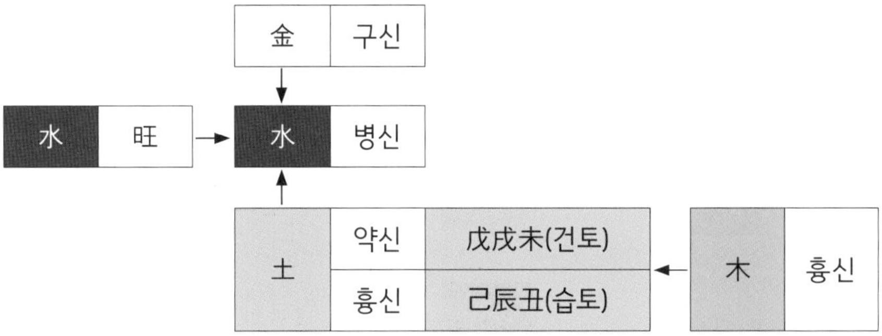

■ 겨울 생의 조후용신은 대부분 火이다.

■ 겨울 생이 水旺하면 병이다.

■ 水를 막아 주는 건토는 약신이다.

■ 금생수 하는 金은 구신이다.

■ 겨울철에 金과 水가 많으면 한냉사주이다.

■ 겨울철에 水와 습토가 만나면 한습하다.

■ 겨울철에 水보다도 습토가 있는 것이 더 흉이다.

- 습토는 겨울철에 꼭 필요로 하는 火氣를 흡수한다.
- 己土, 辰土, 丑土는 火氣를 반긴다.
- 습토로 인한 병은 위장병뿐만 아니라
  여성은 자궁병과 유방암, 남성은 생식기병이 올 가능성이 크다.

겨울철 사주의 木이 많으면 일어나는 현상

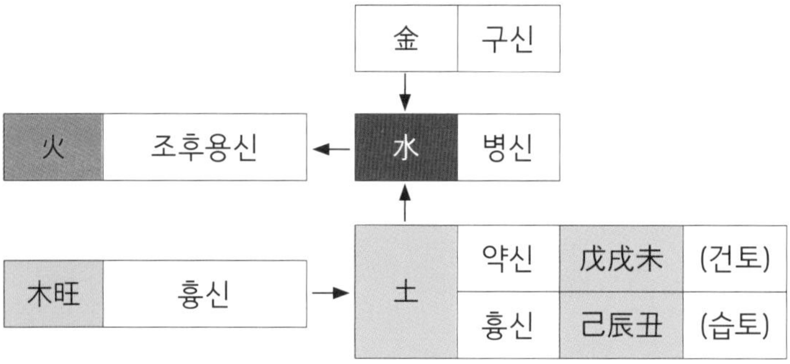

* 木多丙火滯(목다병화체) : 木이 많아서 해가 미치지 못해 그늘이 진다.

* 木多丁火熄(목다정화식) : 木이 많아서 丁火가 꺼진다.

겨울에 木이 많으면 천격이 되는 이유

■ 겨울에는 木을 키우지 않는다. 키우지 못할 나무를 키우느라 애만 쓴다.

■ 겨울에는 丙丁火를 대부분 용신으로 하는데,

- 木이 많으면 丙火는 체한다. → 木多丙火滯(목다병화체)
- 木이 많으면 丁火는 꺼진다. → 木多丁火熄(목다정화식)

■ 겨울철에 木이 많으면 조후용신인 丙丁火를 못쓰게 한다.

■ 약신이 되는 건토를 못쓰게 한다. (목극토)

이름으로 필요한 에너지를 보충 해야 하는 이유

예

木	木	木	◎
木	木	◎	◎

辛	庚
酉	申

→ 金이 대운에서 오면 木을 간벌 해 주어서 좋다.
金 대운이 올 때만 좋아진다.

- 木이 왕해서 병이 된 경우 약신은 金이 된다.
- 金으로 木을 간벌해 주어야 한다. (금극목)
- 본 명식에 金이 있으면 길하다. 명식에 없는 경우 운에서 金이 올 때 대발한다.
  金 대운이 올 때만 길하다. 庚申, 辛酉 20년간 길운이다.
- 이 대운이 지나면 다시 어려워진다.
- 이름으로 필요한 에너지를 보충해서 약신을 지니고 다닐 수 있게 해야 한다.

예

木	木	木	水
木	木	◎	◎

辛	庚
酉	申

- 지지 金은 약신 역할을 하지만 천간의 金은 水로 통관된다. 金 대운이 와도 어렵다.
- 본 명식에 병이 있으면 약신도 명식에 있으면 좋다.
  약신이 없으면 이름으로 부족한 에너지를 보충해 주어야 한다.
- 이름으로 필요한 에너지를 보충해서 평생 지니고 다닐 수 있도록 작명해야 한다.

강의 마무리

- 좋은 이름으로 부족한 에너지를 보충해 주자.

59강 병약론 실전사주

학습목표 병이 된 오행, 약이 된 오행 알아보기

병약론 실전 사주 ①

	일간		
丁	壬	己	戊
未	辰	未	申
		월	

45
甲
寅

- 신약과 신왕을 살핀다. 2 〈 6 태약
- 未月 여름생이 건토 3개가 흉 작용을 한다.
- 많이 태약하지는 않다. 壬辰일주라서 그렇다.
  - 壬辰은 물 창고로 생각하면 이해하기 쉽다.
  - 壬辰일주 자체가 굉장히 힘이 강하다. 魁罡(괴강)이다.
- 辰中 乙木이 보기가 좋다. 여름철 乙木이 아름답다. 미인이다. 예체능에 소질이 있다.
- 申金은 많은 土를 泄氣(설기) 시킬 수 있다. 申金은 길신이다.
  - 설기 : 강한 기운을 빼는 것
  - 많은 土의 기운을 金으로 뺀다. (토생금)
  - 辛金, 酉金은 설기가 안된다. 작은 金이기 때문이다.
- 여름철 일간이 壬水이면 자기 역할을 다한다.
  - "여름철의 壬水는 임무가 있어서 이 세상에 태어났다."고 이해하자.

- 더욱이 壬辰일주로서 배우자 궁이 좋다.

■ 필요한 에너지 찾아보기

- 土를 설기 시킬 수 있는 金이 필요하다.
- 조후 용신으로 水가 필요하다.

■ 작명할 때

- 명식의 申金이 寅木을 극한다.
- 이럴 때 이름 아래 글자에 水를 넣어서 통관시켜 寅木을 극하지 않게 해야 한다.
- 작명은 대운을 살펴보고 해야 한다.

■ 작명 해 보기 : O銀津(은진)

① 한자 자원 오행이 우선이다.

- 銀(은 은) = 金(쇠 금) + 艮[그칠 간{目(눈 목) + 匕(변화할 비)}] 解 눈동자를 변화시키면 흰색이다. (눈동자를 끝으로 돌리면 흰 부분이 많이 보인다.) 金 중에 흰색은 은이다.
- 津(나루 진) = 水 (물 수) + 聿(붓 율) 解 물이 있는 곳에서 사람들이 오고 가는 나루

② 수리오행이 맞아야 한다.

이(利) 21획	O	11	25획	형(亨)
	銀	14		
	津	10	24획	원(元)
		35획	정(貞)	

③ 한글 발음 오행(소리 오행)이 맞아야 한다.

훈민정음해례본에 따른 발음 오행

ㄱ, ㅋ	ㄴ, ㄷ, ㄹ, ㅌ	ㅁ, ㅂ, ㅍ	ㅅ, ㅈ, ㅊ	ㅇ, ㅎ
木	火	土	金	水

O		
은	水 ↑	金生水로 水를 더해주는 발음오행이다.
진	金	

✽ 한글 발음 오행은 상극만 피하면 된다.

병약론 실전 사주 ②

	일간		
壬	丙	丙	甲
辰	午	子	寅
		월	

38
壬
申

■ 명식에 丙火가 있으면 時를 본다.

■ 子月의 辰時(07 : 30 ~ 09 : 30) 이면 해가 떴다.

■ 신약과 신왕을 살핀다. 5 〉3 신왕

하지만 실제로 신왕한지를 살펴야한다.

- 한겨울에 辰時라서 火氣가 약하다.
- 만일 子月이 아니라 여름철이면 火氣가 강하다.
- 辰土로 火氣가 흡수 된다. 그래서 도리어 신약해졌다.

■ 조후용신은 신약이나 신왕을 따지지 않는다. 조후용신은 丙火이다.

겨울철에는 대부분 火 조후 용신이다.

■ 조후용신인 丙火가 힘이 있는가를 살펴본다.

- 丙火의 뿌리 午火가 있고, 寅중 丙火가 있어서 용신이 힘이 있다.
- 통근이 되어서 丙火 조후용신이 유력하다.

■ 대운을 볼 때는 명식의 천간과 대운의 천간끼리, 명식의 지지와 대운의 지지끼리 대입 해 본다.

그러면 길흉의 판단이 정확하고 빠르다.

■ 대운

38	
壬	→ 겨울의 水는 흉이다.
申	→ 금생수되어 흉이다. 申子辰水局이 흉이다.

■ 필요한 에너지 찾아보기

- 조후용신 丙火가 필요하다.

- 겨울철 水를 막아주는 戊土(건토) 필요하다.

■ 작명 해 보기

- 이름 첫 자에 丙火를 넣어서 작명한다.

㉠ 旴(해 돋을 우), 昪(해 돋을 승) 등

- 이름 두번째 자에 戊土를 넣어서 작명한다.

㉠ 垣(담 원), 廷(조정 정) 등

좋은 작명에 대하여

■ 한자 자원 오행이 들어간 이름

■ 수리오행 : 원형이정

■ 발음(소리)오행 : 한글발음(훈민정음해례본)

* 위 세 가지가 잘 갖추어져 있으면 좋은 작명이다.

분만택일 잡아 보기

◎	◎	乙	庚
◎	◎	酉	子
시	일	월	년

■ 출산예정일의 年, 月은 바꿀 수가 없다.

■ 年, 月을 알면 대운을 알 수 있다. 대운의 흐름을 꼭 참고로 해야 한다.

■ 먼저 年, 月을 보면 금생수로 水가 많다.

■ 金 제왕월인 酉月에 乙木이 바위(酉金) 위에 있는 어려운 상황이다.

■ 乙木이 가장 바라는 이상향은 丙火이다.

■ 분만 택일 날짜 속에 丙火가 있으면 좋다.

■ 다행히 丙辰이 있다.

	일간		
◎	丙	乙	庚
◎	辰	酉	子
시	일	월	년

- 생명체인 乙木 입장에서는 丙火가 제일 좋다.
- 辰酉合金 되어 金氣가 강해져도 생명체인 乙木이 잘 자라야 한다.

■ 일간이 丙火이며, 조후용신 또한 丙火이다.

■ 丙火가 힘이 있으려면 지지에 火가 있어야 한다.

- 통근이 되어 용신이 有力(유력)해야 한다.
- 時는 巳時, 午時, 未時가 좋다.
- 이 중에 甲午時가 으뜸이다. 癸巳 〈 乙未 〈 甲午

■ 분만 택일

	일간		
甲	丙	乙	庚
午	辰	酉	子
시	일	월	년

2020년9월10일 午時(11:30~13:30)

- 4 〈 4 약간 신약
- 辰土가 火氣를 흡수하기 때문에 약간 신약하다.
- 丙火 조후용신, 木 길신
- 가을에 곡식이 풍성한 귀격이 되었다.

강의 마무리

■ 병이 있으면 약도 있어야 한다.

60강 중용(中庸)으로 보는 중화론

학습목표 中庸(중용)과 사주 명리학에서의 中和(중화) 이해하기

中

- 가운데 중, 바를 중, 중심, 부합(딱 들어맞다.)
- 갑골문에서 본 中 : 깃대에 깃발이 펄럭이는 모습
- 확대 해석 : 중앙에 깃발을 꽂음

和

和(화목할 화) =禾(벼 화) + 口(입 구) 解 곡식을 거두어 식구들이 화목하게 사는 모습

禾(벼 화) 자해로 배우는 삶의 지혜

- 벼는 익을수록 고개를 숙인다. 최대한 고개를 숙여야 자기가 태어난 그 곳을 볼 수 있다.
  → 근본을 돌아볼 줄 안다.
- 자기 근본인 본성(인의예지신)을 알고, 그 근본을 돌아볼 줄 아는 지혜를 쌓는 것이 사주 명리 공부이다.

乙木(을목)과 禾(벼 화)에 대하여

- 乙木 부수 : 禾(벼 화), ++(풀 초)
- 乙木은 곡식, 약초 등으로 재물을 의미한다.
- 이름으로 쓰면 좋은 재물 복 있는 한자 예 穆(화목할 목), 和(화목할 화)

和(화)에 대해 쉽게 이해하기

- 꽃이 꽃다우면 和이다. 즉, 꽃이 자기 본성을 그대로 나타낸 것이 和이다.
- 가을이 가을다우면 和이다.
- 우리가 명리 공부를 하는 이 모습도 和이다.
- 연인끼리 또는 노부부가 손을 잡고 단풍 길을 걸어가는 모습도 和이다.
- 음악에서 和音(화음)을 이루는 모습이 和이다.
- 자연에서 조화를 이루는 소리가 和이다.
- 中和(중화) 되었다는 것은 "어디 하나 치우치지 않고 딱 들어맞는다." 는 뜻이다.

中庸(중용)과 사주 명리학에서는 中和를 어떻게 설명할까?

중용1편 제2장에 나오는 구절

喜怒哀樂之未發(희노애락지미발)을 謂之中(위지중)이요

희로애락이 발현되지 않은 것을 中(중)이라 말하고

發而皆中節(발이개중절)을 謂之和(위지화)이니

희로애락의 감정이 발현되었는데도 모두 절도에 딱 들어맞는 것을 和라고 말한다.

中也者(중야자)는 天下之大本也(천하지대본야)요

中이라고 하는 것은 천하의 큰 근본이고

和也者(화야자)는 天下之達道也(천하지달도야)니라

和라고 하는 것은 천하의 도에 통달한 것이니라

致中和(치중화)면 天地位焉(천지위언)하며 萬物育焉(만물육언)이니라

中和에 이르면 천지가 자리 잡히며 만물이 자라게 되는 것이다.

사주 명리학에서 中和

천간과 지지가 서로 좋은 관계를 이루어 오행이 조화롭게 되고,

또한 용신이나 약신이 조화로움을 이루면 이를 "사주가 中和되었다." 라고 한다.

강의 마무리

- 사서 중의 하나인 中庸(중용)이나 사주 명리는 결국 中和를 나타낸다.
- 모든 학문은 하나로 통한다.
- 사서(대학, 중용, 논어, 맹자)와 친해지자. 명리학과 별개가 아니고 하나이다. 좋은 벗과의 대화와 같다.

61강 개두론(蓋頭論)과 가용신(假用神)

학습목표 개두론으로 보는 대운의 길과 흉

蓋頭論(개두론)

蓋頭(덮을 개, 머리 두) : 개두는 천간을 의미한다.

예

	일간		
◎	甲	庚	◎
◎	◎	寅	◎
		월	

- 寅月의 甲木일간이다.
- 봄에 어린싹을 庚金이 자르고 있다. 생명이 자라는 봄에 庚金은 병이다. 통관 水가 필요하다.
- 대운에서 甲乙木과 寅卯木운이 길신이다. 지지에 水가 올 때 수생목되어 힘을 받는다.
- 대운에서 庚辛金이나 申酉金운은 병신이다.

대운에서 개두의 吉 · 凶

81	71	61	51	41	31	21	11	1
壬	辛	庚	己	戊	丁	丙	乙	甲
戌	酉	申	未	午	巳	辰	卯	寅

- 초운 甲木(비견) 乙木(겁재)로 개두되어 좋다. 木운에 甲木 일간이 힘을 받는다.
  힘이 더 강해지려면 지지에도 寅卯木운이 길하다.
- 丙火 개두는 좋다. 甲木이 丙火를 보고 잘 자란다. 丙火는 명식의 庚金을 반짝반짝 빛내준다.
  金이 한결 순화되어 약하다.

- 丁火 개두는 길하다. 庚金을 화극금으로 제압한다. 丁巳운이 길하다.
- 戊土 개두는 토생금으로 金氣가 강하게 된다. 지지의 午火는 길하다. 寅月이라서 火氣가 필요하다.
- 己土 개두는 흉이다. 甲己合化土로 甲木이 변질하였다.
- 庚申金은 대흉이다.

  만일 개두는 庚金으로 흉이라도 庚午로 왔다면 午火가 金을 제압하므로 金氣가 약해진다.

세운에서 개두의 吉 · 凶

2022	2021
壬	辛
寅	丑

- 2021년 辛丑년은 辛金으로 개두가 흉이다. (금극목)

  辛丑은 金氣가 강하다. (丑中 辛金)
- 2022년 壬寅년은 壬水로 개두되어 길하다. 수생목 되어 木을 키워준다. 비견 寅木은 좋다.
- 천간은 천간끼리 지지는 지지끼리 상관관계를 대입해보고,

  천간의 개두가 지지와 어떻게 작용되고 있는가를 살핀다.

시험치는 날이 운이 좋은지 알아보려면

명식8글자 + 대운2글자 + 세운2글자 + 月 2글자+ 日 2글자 + 時 2글자=18글자

- 대운→ 세운→ 월운→ 일운→ 시운 순으로 살핀다.
- 명식의 8글자를 먼저 살펴보아서 용신과 병, 약을 알면 대운, 세운, 월, 일, 시에 길흉을 쉽게 알아 볼 수 있다.
- 대운이 좋지 않아도 세운과 일운, 시운이 좋으면 길하다.
- 18자 관계를 알 수 있으면 공부가 많이 진전되었다고 할 수 있다.

假用神(가용신 : 거짓 가)

거짓 용신, 가짜 용신, 정용신이 없어서 임시로 쓰는 용신

예

	일간		
丙	戊	乙	癸
辰	寅	卯	未
		월	

- 신약과 신왕을 살핀다. 4 〈 4 신약
- 木제왕월(卯月)에 목극토로 신약하다.
- 卯木 제왕월에 寅卯辰木局, 卯未반합을 이루고 수생목으로 木이 태왕하다.
- 木 : 병, 金 : 약용신(금극목)
- 사주명식에 金이 없다.
- 정용신인 金이 없으면 명식에 있는 오행 중 한 가지를 임시로 빌려서 가용신으로 써야 한다.
- 戊土를 가용신으로 한다. 丙火는 병이 된 木을 더 길러주기 때문에 가용신으로 하지 않는다.
  자연에서는 태양이 나무를 길러주는 화생목으로 봐야 한다. 辰土, 未土가 戊土의 뿌리가 된다.
- 가용신을 임시로 쓰다가 운에서 金이 오면 정용신이 되는 것이다.
  가용신은 운에서 정용신이 올 때까지 임시로 사용하는 용신이다.
- 작명할 때 명식에는 없지만 정용신을 넣어서 작명한다.
- 작명 시 천간에 金이 오면 금생수 → 수생목으로 木의 기운만 더 키워주게 되므로
  천간에는 金을 쓰지 않고 지지에 金을 쓸 수가 있다. 따라서 이름자 아래에 金을 넣어서 작명한다.

강의 마무리

- 작명할 때는 가용신을 쓰지 않고 처음부터 정용신을 넣어 작명한다.

8단원

명(命)과 리(理)

천지인(天地人)이 제각각이 아니듯, 여러 학문 중 명리학은 5천 년 전부터 내려온
동양철학의 근본 뿌리에 바탕을 둔 우리 문화의 핵심 사상이다.
명리학만 고집한다고 해서 외연(外延)이 넓어질 수는 없다.
문학 예술 등 다방면에 관심을 기울이자.

그중에 사서(四書:대학·중용·논어·맹자)와 주역 공부는
현대를 사는 우리에게 필수 덕목이다.
말이 글이 되어 인간을 옮은 방향으로 이끌어가듯 자학(字學:漢字의 字源해석)은
한문(漢文)의 바탕이 되며, 바른 작명의 지름길이 된다.

62강
명리특강1

명(命)과 리(理)의 소인수분해 - 1

학습목표 天命(천명 : 하늘이 준 운명) 3가지 알아보기

命 : 목숨 명, 운수 명, 운명 명

- 命(목숨 명, 운수 명) = 口(입 구) + 令(명령할 령) 解 왕의 명령은 목숨과 같다.
- 令(명령할 령) = 亼(모을 집) + 㔾(무릎 마디 절) 解 사람들을 불러 모아 무릎 꿇리고 명령한다.
- 亼(모을집) = 人(사람 인) + 一(한 일) 解 사람들을 불러 한 곳으로 모은다.

* 天命(천명)은 하늘이 주어서 사람만이 받고 태어난 타고난 운명이다.

* 사람만이 받고 태어난 것이 본성(본래 타고난 성품)이고, 천성이다.

* 본성은 仁義禮智信(인의예지신)이며, 다른 말로 德(덕)이다.

理 : 다스릴 리

- 四柱命理學(사주 명리학)은 天命(천명)의 이치를 담은 학문이며,
  이 이치를 알고 스스로가 나를 다스릴(理) 줄 아는 학문이다.
- 사주 명리학을 대하는 우리의 바른 자세
  學而時習(배우고 익혀서) → 知(알고) → 行(실천하고) → 體(체득한다, 깨닫는다.)
  → 참된 앎 → 理(나를 다스린다.)
  ※ 나를 다스려 삶의 질을 한층 승화시키는 학문이 진정한 명리학이다.

天命에 대하여

대학에서의 天命

惟命不于常(유명불우상) : 오직 천명은 늘 한곳에만 있지 않다.

- 천명은 고정된 것이 아니다. 왕조를 바꾸듯이 천명은 바꿀 수 있다.
- 명리학도 고정된 것이 아니다. 항상 일정한 이치에 따라 변한다.

중용에서의 天命

天命之謂性(천명지위성) : 하늘이 하늘의 본성을 만물에게 부여해 준 것을 본성이라고 한다.

- 본성은 천성이며 천성은 인의예지신으로 나타내고 한마디로 德(덕)이다.
- 하늘이 천성을 부여할 때 인의예지신을 모든 사람에게 부여했고, 사람은 그것을 받아서 가지고 있다.
- 사람만이 가지고 있는 성품(본성)이 천명이다.

명리학에서의 天命 →天命思想(천명사상)

天命
- 하늘의 명령
- 자연의 법칙 ➡ 타고난 운명을 천간과 지지로 풀어본다.
- 타고난 운명

오행	木=仁		火=禮		土=信		金=義		水=智	
천간	甲	乙	丙	丁	戊	己	庚	辛	壬	癸
지지	寅	卯	巳	午	辰戌	丑未	申	酉	亥	子
음양	양	음	양	음	양	음	양	음	양	음

- 천간 지지가 음양이면서 오행으로 나누어졌다.
- 천간과 지지는 비밀스러운 부호로 인간이 알기가 어렵다.
  그 부호를 풀어 보고자 하는 학문이 사주 명리학이다.
- 五常(오상:인의예지신)으로 本性을 유추하고 五臟(오장:간심비폐신)으로 건강을 살펴서
  비밀스러운 부호의 단편이라도 찾고자 노력하는 것이다.

사주를 가장 빨리 보는 방법

- 음양오행이 기본이다. 격국이나 육친, 신살 등은 곁가지일 뿐이다.
- 음양오행으로 보면 큰 틀을 세울 수 있다.
- 물상론으로 보면 운로를 파악하기 쉽다. *運路(운로) : 대운이나 세운이 가는 길

강의 마무리

- 四柱命理學(사주 명리학)은 천명(天命)의 이치를 담은 학문이며,
  이 이치를 알고 스스로가 다스릴(理) 줄 아는 학문이다.

63강
명리특강2

명(命)과 리(理)의 소인수분해 – 2

학습목표 명리공부를 대하는 우리의 자세 배우기

理 알아보기

■ 理의 뜻

- 이치 리 : 법칙, 원리는 눈에 보이지 않는다. 마음에서 얻는 것이기 때문이다.
- 다스릴 리 : 이치에 따라 다스린다.

■ 음양오행으로 다스린다.

- 천간과 지지는 크게 음양으로 구분된다.
- 음양으로 보기에 너무 어려워서 오행으로 세분화하여 분류하였다.
- 理는 “음양과 오행을 이치에 따라 다스린다.” 라고 볼 수 있다.

음양오행으로 사주 공부를 해야 하는 이유

■ 음양과 오행이 천간과 지지 속에 들어 있으니 신살, 육친, 격국은 나중에 공부하자.

■ 신살, 육친, 격국부터 공부하면 전체를 보는 시야가 좁아지고 오행의 변화와 작용을 파악하기 어렵다.

■ 사주는 음양오행으로 보는 것이 제일 빠르고 쉽다.

결 = 이치 = 理(이치 리)

理 = 玉(옥 속의 결) + 里(밭이랑의 결) **解 옥 속에 결이 있는 것처럼 밭에도 결이 있다.**

■ 세상 이치 모두가 결이 있다.

〈맹자〉 順天者(순천자)는 存(존)하고 逆天者(역천자)는 亡(망)이라.

하늘의 순리에 순응하는 자는 살고, 하늘의 순리를 거역하는 자는 죽는다.

順 (순할 순) : 결을 따른다.	
順理 (순리)	이치를 따른다.
順天 (순천)	하늘을 따른다.

⟷

逆 (거스릴 역) : 결을 따르지 않는다.	
逆理 (역리)	이치에 맞지 않다.
逆天 (역천)	하늘의 뜻을 어긴다.

■ 일상용어에서 결 찾기

- 결 따라 머리를 빗는다.
- 숨결이 고르다.
- 살결이 비단결 같다.
- 나와 결이 같다.
- 나뭇결 따라 톱질한다.
- 물결 따라 해전에서 대승한 충무공
- 바람결에 흩날린다.

■ 결은 어디에 있을까?

- 하늘에 결이 있다. → 天理(천리)
- 땅에 결이 있다. → 地理(지리)
- 命에 결이 있다. → 命理(명리)
- 일에 결이 있다. → 事理(사리)
- 글에 결이 있다. → 文理(문리)

■ 결을 읽어 내어 문리를 터득하자.

- 우리는 문리를 찾아내는 눈이 필요하다. 이를 文眼(문안)이라고 한다.
  문안으로 문리를 찾을 때 "문리를 터득한다." 라고 한다.
- 문리를 터득하려면 글의 결을 볼 수 있어야 한다. 글의 결이란 무엇일까?

㉥ 한자 道(도)를 보면 "길 도, 도리 도, 재주 도"로 쓰듯이
사주에서도 辛金의 경우 칼, 낫, 보석으로, 어떤 경우에는 곡식으로 해석하기도 한다.

■ 명리 공부에 적용해 보기

- 먼저 이 결을 읽어 내고 그다음 다른 오행과 확장해서 보는 공부를 꾸준히 하자.
- 공부가 진전될수록 사주 명리의 결이 차곡차곡 쌓일 것이다.
- 명리 하나만 공부한다고 문리가 터지는 것이 아니다.
- 인문학 공부를 폭넓게 해야 하며,
  인문학 중에서도 추천할 만한 책은 사서(대학, 중용, 논어, 맹자)이다.

명리 공부를 대하는 우리의 자세

理(이치 리) = 玉(구슬 옥) + 裏(속 리 : 里) : 옥 속에 결이 있다.

■ 옥 속의 결은 차곡차곡 쌓여 있어 강한 기가 있고, 이 강한 기가 밖으로 표출되면 광채가 난다.
이 아름다운 광채는 손상을 입지 않은 한 영구적이다.
또, 양파 껍질 쌓이듯이 덕이 차곡차곡 쌓이면 밖으로 광채가 드러난다.
내가 덕이 있다고 말하지 않아도, 행하지 않아도 에너지가 드러난다.
우리는 그런 사람을 "仁하다." 라고 하며, "위엄이 있다." 라고 한다.

■ 주물 속은 결이 없다. 옥이 광채가 나고 양파가 순백색으로 빛나는 것은 결이 있기 때문이다.
주물 속에는 강한 에너지가 없다는 뜻이며, 에너지가 없으면 광채가 나지 않고 녹이 잘 나게 된다.

■ 명리 공부는 내면에 나만의 결을 만들어야 한다. 또한 이치 공부이기 때문에 급하게 암기해서 되는 학문이 아니다. 내면의 결을 차곡차곡 쌓아야 한다.

■ 천명의 이치를 배워서 알고 내 마음을 다스려 나갈 줄 아는 학문의 도구로 삼아,
보다 나은 삶의 질을 추구해야 하는 자세가 바람직하다.

강의 마무리

■ 명리 공부를 통하여 천명의 이치를 알고, 이를 실천할 수 있는 내면의 힘을 길러야 한다.

이정표

盛年不重來하고

一日難再晨이니

及時當勉勵하라

歲月不待人이니라

젊은 시절은 거듭 오지 아니하고

하루에는 새벽에 두 번 있기 어려우니

때에 이르러 마땅히 학문에 힘써라

세월은 사람을 기다려주지 않는다.

陶淵明

9단원

격국론(格局論)

정격(正格)은 일반적인 사주로서
간명(看命)하기가 쉽다.
대부분 사주가 여기에 속한다.
그러나 외격(外格)과 종격(從格)은
특수한 구조로서 간명하기가 어렵다.
격(格)을 구분할 줄 아는 안목이 중요하다.

64강 나는 무슨 격일까? 격국 이해하기

학습목표 정격, 외격, 종격에는 어떤 종류가 있는지 알아보기

格局(격국) 자해

- 格(격식 격, 이를 격, 바르게 할 격) = 木(나무 목) + 各(각각 각) 解 나무는 각자 자기 본성 대로 자란다.
- 局(판 국(바둑판, 장기판), 부분 국) = 尺(자 척) + 口(입 구)

  解 바둑판이나 장기판의 곧은 선처럼 자로 재듯이 법도에 맞게 말한다.

格局(격국)의 종류

- 正格(정격)
- 外格(외격)
- 從格(종격)

正格(정격)- 8정격

- 偏印格(편인격) : 일간과 월지와의 관계로 월지가 편인이 되었을 때의 격
- 正印格(정인격) : 일간과 월지와의 관계로 월지가 정인이 되었을 때의 격
- 食神格(식신격) : 일간과 월지와의 관계로 월지가 식신이 되었을 때의 격
- 傷官格(상관격) : 일간과 월지와의 관계로 월지가 상관이 되었을 때의 격
- 偏財格(편재격) : 일간과 월지와의 관계로 월지가 편재가 되었을 때의 격
- 正財格(정재격) : 일간과 월지와의 관계로 월지가 정재가 되었을 때의 격

■ 偏官格(편관격) : 일간과 월지와의 관계로 월지가 편관이 되었을 때의 격

■ 正官格(정관격) : 일간과 월지와의 관계로 월지가 정관이 되었을 때의 격

外格(외격)– 8정격에 포함되지 않는 그 외의 격

曲直格(곡직격)	굽을 곡, 곧을 직	목	乙木은 굽게 , 甲木은 곧게 자란다.
炎上格(염상격)	불꽃 염 , 위 상	화	불꽃은 위로 타오른다.
稼穡格(가색격)	심을 가, 거둘 색	토	심고 거두는 역할을 한다
從革格(종혁격)	따를 종, 바꿀 혁	금	金을 쓸모있게 바꾸어 줘야 한다.
潤下格(윤하격)	윤택할 윤, 아래 하	수	물은 아래로 흘러야 된다.

〈化格 화격〉

甲己合化土格(갑기합화토격)	甲木과 己土가 만나 土가 되는 격
乙庚合化金格(을경합화금격)	乙木과 庚金이 만나 金이 되는 격
丁壬合化木格(정임합화목격)	丁火와 壬水가 만나 木이 되는 격
丙辛合化水格(병신합화수격)	丙火와 辛金이 만나 水가 되는 격
戊癸合化火格(무계합화화격)	戊土와 癸水가 만나 火가 되는 격

從格(종격)– 내가 내 능력이 안되어 다른 오행을 따라가는 격

從殺格(종살격)	官(관)을 따라간다.
從兒格(종아격)	나의 자식(식상:兒)을 따라간다. 예 木의 경우 火를 따라간다.
從財格(종재격)	財(재)를 따라간다.
從旺格(종왕격)	왕성한 기운을 따라간다.
專旺格(전왕격)	한 기운으로 오로지 이루어져 있다.

격국 쉽게 이해하기

- 대부분의 사주는 정격에 속한다. 그리고 보기도 쉽다.
- 외격이나 종격은 간명하기가 어렵다.
- 건록격과 양인격은 원래 종격이지만 알기 쉽게 하도록 정격에 포함하였으며, 그 외 격을 따지는 방법은 아주 많으나 기초 명리에서는 기본이 되는 격에 대해서만 이해하자.

正格(정격) 알아보기 - 내 일간과 월지와의 관계

육친(육신)

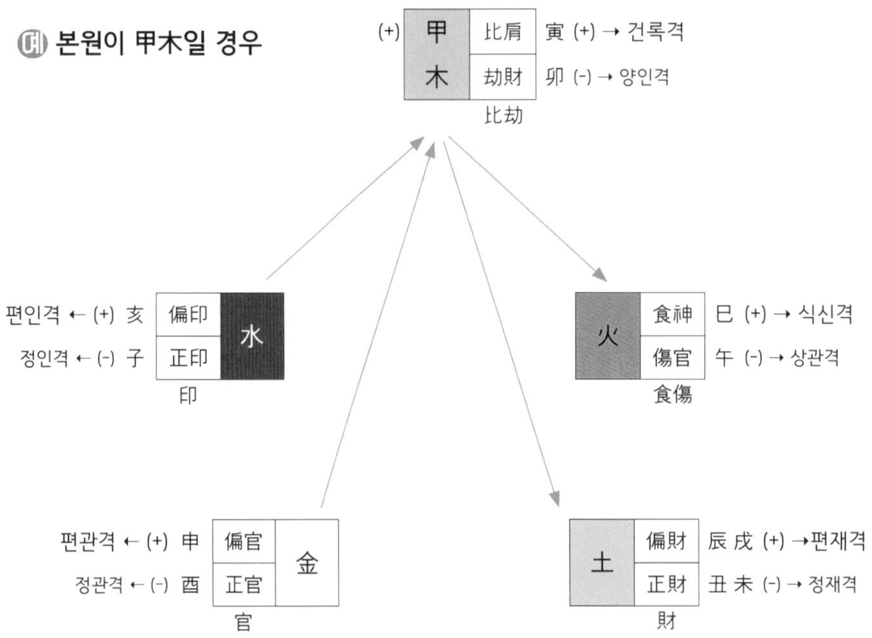

1. 건록격 · 양인격

■ 甲木이 寅月에 태어났을 때 건록격이다.

■ 甲木이 卯月에 태어났을 때 양인격이다.

* 사주가 강할 때만 건록격, 양인격이라고 한다.

일간

水	甲	木	木
木	◎	寅	◎

월

→ 甲(+)이 寅(+)을 봐서 건록격이 된다.
그러나 사주 전체가 약하면 건록격이 아니다.
자기 에너지가 강할 때만 적용된다.

건록격

일간

◎	甲	◎	◎
◎	◎	卯	◎

월

→ 卯月(-)의 甲木(+)은 양인격이 된다.
양인격도 자기 에너지가 강할 때만 적용된다.

양인격

2. 식신격 · 상관격

① 甲木이 巳月에 태어났을 때 식신격이다.

② 甲木이 午月에 태어났을 때 상관격이다.

일간

◎	甲	◎	◎
◎	◎	巳	◎

식신

식신격

일간

◎	甲	◎	◎
◎	◎	午	◎

상관

상관격

3. 편재격 · 정재격

- 甲木이 辰月, 戌月에 태어났을 때 편재격이다.
- 甲木이 丑月, 未月에 태어났을 때 정재격이다.

일간

◎	甲	◎	◎
◎	◎	辰, 戌	◎

편재

편재격

일간

◎	甲	◎	◎
◎	◎	丑, 未	◎

정재

정재격

4. 편관격 · 정관격

- 甲木이 申月에 태어났을 때 편관격이다.
- 甲木이 酉月에 태어났을 때 정관격이다.

일간

◎	甲	◎	◎
◎	◎	申	◎

편관

편관격

일간

◎	甲	◎	◎
◎	◎	酉	◎

정관

정관격

5. 편인격 · 정인격

- 甲木이 亥月에 태어났을 때 편인격이다.
- 甲木이 子月에 태어났을 때 정인격이다.

일간

◎	甲	◎	◎
◎	◎	亥	◎

편인

편인격

일간

◎	甲	◎	◎
◎	◎	子	◎

정인

정인격

外格(외격)중에서 곡직격, 가색격 알아보기

1. 曲直格(곡직격 : 굽을 곡, 곧을 직) : 乙木은 굽게 자라고, 甲木은 곧게 자란다.

	일간		
戊	乙	丁	己
寅	未	卯	亥

- 乙木 + 卯月 + 亥卯未木局 → 곡직격
- 곡직격은 寅月이나 卯月이 되어야 하고, 亥子水로 수생목이 되면 곡직격이 될 가능성이 있다.
- 생명체가 자라야 하므로 곡직격은 정격과 별로 다르지 않다.
- 곡직격은 일반격과 거의 다름없이 해석한다.
- 조후용신 丙火이다.
- 조후는 되어있으나 木이 크려면 지열(丁火)보다 丙火가 더 좋다.
- 亥卯未木局으로 木이 많아서 丁火가 가릴 가능성이 있다. (목다정화식)

2. 稼穡格(가색격 : 심을 가, 거둘 색) : 심고 거둔다.

	일간		
丁	戊	己	戊
卯	戌	未	戌

- 稼穡(가색) : 심고 거둔다. (土의 역할)
- 土는 생명을 길러내는 역할을 한다.
- 생명체가 있으면 생명체 중심으로 항상 살핀다.
- 여기서는 卯木(생명체)을 길러야 한다.
- 가색격과 종왕격을 혼동하면 안된다.

■ 가색격이 되려면

- 일간이 戊土 또는 己土가 되어야 한다.
- 월지가 土月이 되어야 한다.
- 土가 많으면서 생명체인 木이 있어야 한다.

從格(종격)중에서 종왕격 알아보기

1. 從旺格(종왕격 : 따를 종, 왕성할 왕) : 왕성한 기운을 따라간다.

	일간		
戊	戊	戊	丙
午	午	戌	午

土從 (토종)	土를 따라간다.
土體 (토체)	土로 전체를 이루었다.
土用 (토용)	土가 용신이 된다.

* 土從 = 土體 = 土用
* 木病

■ 화생토가 되어 모두 土로 종한 사주이다.

■ 土體(토체) : 土로 전체가 이루어져있다.

■ 이럴 때는 용신이 土가 된다.

■ 土가 주인이다. 주인을 건드리면 안된다.

■ 土가 용신이면 土를 극 하는 木이 병이다.

강의 마무리

■ 기초 명리에서 배우는 격에는

1. 正格(정격) · 8정격 : 편인격, 정인격, 식신격, 상관격, 편재격, 정재격, 편관격, 정관격
2. 外格(외격) : 곡직격, 염상격, 가색격, 종혁격, 윤하격
   갑기합화토격, 을경합화금격, 병신합화수격, 정임합화목격, 무계합화화격
3. 從格(종격) : 종살격, 종아격, 종재격, 종왕격, 전왕격

65강 외격 아주 쉽게 이해하기

학습목표 "외격은 종격의 성격과 거의 비슷하다." 이해하기

外格(외격)중에서 염상격, 종혁격, 윤하격 알아보기

1. 炎上格(염상격 : 불꽃 염, 위 상) : 불과 불이 만나 불꽃을 이루며 위로 타서 올라간다.

	일간		
戊	戊	甲	丙
午	寅	午	戌
		월	

29	19
辛	壬
卯	辰

土從 (토종)	土를 따라간다.
土體 (토체)	土로 전체를 이루었다.
土用 (토용)	土가 용신이 된다.

* 土從 = 土體 = 土用

■ 강의 내용 정정

- 화종 → 토종

■ 午月에 午時이면 자연에서 초목이 갈증이 날 때이다.

■ 지지는 寅午戌火局으로 지지가 불바다이다.

■ 건토만 있고 목생화, 화생토 되었다.

■ 土로 종한 구조는 土가 용신이 되고 土를 극하는 木이 병이다.

- 木을 뺀 나머지 오행은 괜찮다.
- 土만 거역하지 않으면 된다.

■ 水가 대운에서 들어오면 길이다.

■ 대운

19	
壬	→ 水가 와서 길이다.
辰	→ 습토로 火氣가 빠져 길이다.

29	
辛	→ 丙辛合水 되어 길이다.
卯	→ 卯戌合火 되어 길이다.

■ 강의 내용 정정

- 강의시는 화기가 빠져 흉이라 하였는데, 다시 보니 火土重濁(화토중탁) 유형과 같아서 辰土(습토)운이 길하다.
- 작명 시 습토로 쓰는 한자로 작명한다.

2. 從革格(종혁격 : 따를 종, 고칠 혁) : 金을 쓸모 있게 바꾼다.

鎔金成器(용금성기) : 쇠를 녹여서 각종 기물을 만든다.

		일간		
天干	甲	庚	乙	庚
地支	申	申	酉	戌

21	11	1
戊	丁	丙
子	亥	戌

金從 (금종)	金으로 따라간다.
金體 (금체)	金으로 전체를 이루었다.
金用 (금용)	金이 용신이 된다.

* 金從 = 金體 = 金用

* 火病

■ 酉月(金 제왕월)에 토생금되어 金이 왕하다. 신유술금국이 되었다.

■ 金이 왕해서 甲木과 乙木은 버틸 수가 없다. 金으로 따라 갈 수 밖에 없다.

■ 金從(금종)이면 金이 용신이 되고 金을 극하는 火는 병이다.

- 火를 제외한 다른 오행은 괜찮다.
- 金을 거역하지만 않으면 된다.
- 火가 대운에서 오면 흉이다.

■ 양인격이면서 金이 왕한 구조이다.

■ 작명할 때

- 金體(금체)가 된 경우는 土와 金을 쓰면 된다.
- 水로 설기해도 좋다.

■ 대운

1

丙	→ 丙火는 庚金을 빛나게 한다.
戌	→ 토생금하여 金을 따라가니 길하다.

11

丁	→ 丁火는 金을 극 하여 흉이다.
亥	→ 水는 길이다.

21

戊	→ 토생금하여 金을 따라가니 길하다.
子	→ 水는 길이다.

3. 潤下格(윤하격 : 윤택할 윤, 아래 하) : 물은 아래로 흐른다.

	일간		
己	壬	辛	壬
酉	子	亥	子
		월	

27	17	7
甲	癸	壬
子	亥	戌

水從 (수종)	水를 따라간다.
水體 (수체)	水로 전체를 이루었다.
水用 (수용)	水가 용신이 된다.

* 水從 = 水體 = 水用

* 土病

■ 윤하격이 되려면 월지에 亥水나 子水가 있어야 한다.

■ 다른 오행이 오면 윤하격이 아니다.

■ 水가 많고 금생수하는 金도 있어서 많은 물을 막을 수 없다.

■ 己土는 습토라서 물을 막을 수가 없다. 水體가 된다. 水로 따라갈 수밖에 없다

■ 水從(수종)이면 水가 용신이 되고 水를 극하는 土가 병이다.

- 土를 제외한 다른 오행은 괜찮다.

- 水만 거역하지 않으면 된다.

- 土가 대운에서 오면 흉이다.

■ 대운

7

壬 → 水가 와서 길이다.

戌 → 건토가 와서 흉이다. (토극수)

17

癸 → 癸亥대운으로 水가 강하게 와서 대길이다.

亥 → 대학 갈 시기에 대운이 좋게 와서 길이다.

27

甲 → 甲木은 수생목으로 많은 水를 빼주니 길하다. (설기)

子 → 水가 와서 길이다.

從格(종격)중에서 종살격, 종재격 알아보기

1. 從殺格(종살격 : 따를 종, 죽일 살) : 殺(살)을 따라간다. = 官(관)을 따라간다.

편관	일간		
乙	己	癸	壬
亥	巳	卯	寅
		편관	정관

41	31	21
戊	丁	丙
申	未	午

木從 (목종)	木을 따라간다.
木體 (목체)	木으로 전체를 이루었다.
木用 (목용)	木이 용신이 된다.

* 木從 = 木體 = 木用

* 金病

- 본원인 己土 입장에서 목극토하는 木이 官(관)이다.
- 巳火는 丙火(태양)로 木이 잘 자란다.
- 수생목 되어 木 기운이 커지고, 丙火가 木을 키우니 己土는 극을 받는다.
  그래서 官(관 : 木)을 따라갈 수밖에 없다.
- 官(관)이 殺(살)이 되어 관을 따라가는 것을 종살격이라고 한다.
- 이 명식은 종살격이지만 木을 따라가는 것이므로 木으로 從(종)하였다.
- 木從(목종)이면 木이 용신이 되고 木을 극하는 金이 병이다.
  - 金을 제외한 다른 오행은 괜찮다.
  - 木만 거역하지 않으면 된다.
  - 金이 대운에서 오면 흉이다.

■ 강의 내용 정정

- 명식에 壬水, 亥水가 있어 金生水 → 水生木으로 金이 통관되어 길운이다.

■ 대운

21	
丙	→ 火가 木을 잘 키워준다.
午	

31	
丁	→ 丁壬合木 되어 길하다.
未	→ 亥卯未木局으로 길이다.

41	
戊	→ 戊癸合火로 길하다.
申	→ 巳申水로 길이다.

■ 작명할 때

- 木體가 된 사주는 수생목 되게 해주어도 좋다.
- 丙火를 넣어서 木氣를 키워 주는 것도 좋다.

2. 從財格(종재격 : 따를 종, 재물 재) : 財(재)를 따라간다.

	일간		편재
乙	壬	甲	丙
巳	寅	午	午
편재		정재	정재

22	12	2
辛	壬	癸
卯	辰	巳

火從 (화종)	火를 따라간다.
火體 (화체)	火로 전체를 이루었다.
火用 (화용)	火가 용신이 된다.

* 火從 = 火體 = 火用
* 水病

■ 水입장에서 수극화하는 火는 財(재)이다.

■ 종재격은 財(재)를 따라간다는 것이다.

- 일간인 壬水만 빼고 목생화로 모두 火로 이루어져 있다.
- 그래서 火로 종하는 종재격이 되었다.
- 외격은 종격의 성격과 거의 비슷하다.
- 火從(화종)은 火가 용신이 되고 火를 극하는 水가 병이다.
- 명식에 일간인 壬水의 뿌리가 없다.
- 뿌리가 있었다면 從(종)하지 않는다.

  지지에 亥水나 子水가 있어서 壬水의 뿌리가 있으면 내(일간, 본원)가 힘이 생기므로 종하지 않는다.
- 따라갈 때는 따라갈 수밖에 없는 환경이 되었을 때이다.
- 대운

2	
癸	→ 水가 흉이다.
巳	→ 火는 길이다.

12	
壬	→ 水가 흉이다.
辰	→ 습토가 火氣를 빼니 흉이다.

22	
辛	→ 丙辛合水로 흉이다.
卯	→ 목생화로 길이다.

강의 마무리

- 외격은 종격과 비슷하다.

66강 종격 아주 쉽게 이해하기

학습목표 종격에서 종아격, 종왕격과 전왕격 구분할 줄 알기

從格(종격)중에서 종아격, 종왕격, 전왕격 알아보기

1. 從兒格(종아격 : 따를 종, 아이 아) : 아이(식상 : 자식)를 따라간다.

비견	일간	식신	겁재
壬	壬	甲	癸
寅	寅	寅	卯
식신	식신	식신	상관

52	42	32
庚	己	戊
申	未	午

木從 (목종)	木을 따라간다.
木體 (목체)	木으로 전체를 이루었다.
木用 (목용)	木이 용신이 된다.

* 木從 = 木體 = 木用
* 金病

- 일간인 壬水 입장에서 木이 식상(자식)이다.
- 자식이기 때문에 兒(아이 아)를 넣어서 종아격이라고 한다.
- 수생목으로 木으로 종한 사주이다. 木을 극하는 金은 병이다.
- 건강에서는 水보다 木의 문제가 더 크게 나타난다. 木은 肝(간)이다.
- 木이 용신이면 金 대운에 흉이다.

32
戊
午

→ 길이다. 흐름을 방해하지 않는다.

42
己
未

→ 길이다. 흐름을 방해하지 않는다.

52	
庚	→ 庚은 金生水(금생수) 水生木(수생목)으로 괜찮다.
申	→ 申은 木을 극하여 흉이다.

2. 從旺格(종왕격 : 따를 종, 왕성할 왕) : 왕성한 기운을 따라간다.

종왕격 예

	일간		
戊	己	己	乙
辰	丑	丑	巳

土從 (토종)	土를 따라간다.
土體 (토체)	土로 전체를 이루었다.
土用 (토용)	土가 용신이 된다.

* 土從 = 土體 = 土用
* 木病

■ 土로 종한 사주이다.

■ 土 용신이 되고 土를 극하는 木이 병이다.

■ 土가 용신이면 木운에 흉이다.

■ 이름 간명 : O圭鎭(규진)

- 圭 : 이 사주는 土 용신으로 이름에 土가 있어서 잘 된 작명이다.

- 鎭 : 많은 土를 빼주는 金을 넣은 이름이라 좋다. (토생금)

■ 아호 : 昇厚(해 돋을 승, 두터울 후)

- 丑月로 丙火가 필요하다. 또한 사주 명식의 乙木도 丙火가 필요하다.

- 丙火와 용신인 土를 넣은 작호이다.

종왕격 예

	일간		
丁	戊	己	丁
巳	辰	酉	丑

土從 (토종)	土를 따라간다.
土體 (토체)	土로 전체를 이루었다.
土用 (토용)	土가 용신이 된다.

* 土從 = 土體 = 土用
* 木病

■ 화생토되어 土로 종한 사주이다.

■ 戊辰 일주로 土가 "무진장 많다." 라고 이해하면 쉽다.

■ 丁巳로 따뜻하다.

■ 목극토를 하는 木이 병이 되더라도 생명체(木)는 있어야 한다.

■ 辰中 乙木이 있어서 좋다.

■ 土용신으로 土를 극하는 木이 병이다.

■ 지지에 巳酉丑金局, 辰酉金이 되어도 길하다. 많은 土를 金으로 설기 해주기 때문이다.

■ 운에서 병이 되는 木이 언제 오는지 잘 살펴야 한다.

■ 土용신이면 木운은 흉이다.

3. 專旺格(전왕격 : 오로지 전, 왕성할 왕) : 오로지 比劫(비겁)으로 만 왕성하다.

겁재	일간	겁재	정인
乙	甲	乙	癸
亥	寅	卯	卯
편인	비견	겁재	겁재

52	42
辛	庚
酉	申

木從 (목종)	木을 따라간다.
木體 (목체)	木으로 전체를 이루었다.
木用 (목용)	木이 용신이 된다.

* 木從 = 木體 = 木用
* 金病

■ 수생목되어 전체가 木體(목체)가 되었다.

■ 木이 용신이 되고 木을 극하는 金은 병이다.

■ 印星(인성)과 比劫(비겁)으로만 되어 있다.

■ 종왕과 전왕은 약간 차이가 있다.

- 從旺(따를 종, 왕성할 왕) : 왕성한 기운을 따라간다.
- 專旺(오로지 전, 왕성할 왕) : 오로지 비겁으로만 왕성하다.

■ 자기를 중심으로 비견과 겁재만 왕성한 것을 전왕격이라고 한다.

■ 木이 용신이면 金운이 흉이다.

■ 대운

52	42
辛	庚
酉	申

→

■ 강의 내용 정정

- 명식에 癸水, 亥水가 있어 金生水 → 水生木으로 金이 통관되어 길운이다.

강의 마무리

■ 이번 강의로 기초 명리를 종강합니다. 여기까지 오시느라 모두 수고 많으셨습니다.

다음 중급 강의에서는 기초 명리의 이론을 바탕으로 조금 더 깊은 명리의 세계가 펼쳐집니다.

감사합니다.

효명작명 교재를 愚公移山(우공이산)의 마음으로 시작하였고, 어느덧 1년 반의 시간이 지나 산을 옮기게 되었습니다. 명리학에 처음 입문했을 때를 회상하니 감회가 깊습니다. 초보자들에게는 잘 정리된 노트 한 권이 매우 소중한 보물이라는 것을 알기에 입문자들의 초석을 단단히 다질 수 있도록 수업내용을 그대로 담으려 했고, 선생님의 말씀을 빠짐없이 기술하였습니다. 또한 선생님의 철저한 감수가 더해져 좋은 교재가 완성되었습니다. 어느덧 저의 실력도 함께 나날이 발전함을 느꼈습니다. 뒤돌아보니 제 인생에서 가장 빛나는 시간이었습니다. 삶에 대한 모든 물음에 효명작명 기초 명리 교재가 이정표가 되기를 기원합니다.

박성혜 - 효명작명 편집위원

서울에서 대전으로 한 달에 2번 공부하러 다녔습니다. 먼 길임에도 불구하고 선생님만큼 지식을 뿌리까지 아는 분이 없었기에 충분한 가치가 있었습니다. 거기에 명리를 상생으로 바라보며 살리려는 마음이 좋았습니다. 그래서 새로운 이름으로 교육으로 세상에 이로운 사람이 되라는 하서(夏序. 여름학교)도 얻게 되었습니다. 새로 주신 이름처럼 선생님 뜻을 이어가려고 노력 중입니다.

선생님의 매력은 초연함, 인적자원, 지혜입니다. 아시는 것이 많음에도 불구하고 초연한 마음으로 모든 사람을 스승으로 여기며 배우고 수용하기에 숙연해집니다. 선생님 곁에는 선생님 일을 자기 일처럼 생각하는 인적자원 층이 두텁습니다. 이런 초연한 마음과 인적자원을 사람들과 나누며 다시 그들의 삶을 수월하고 윤택하게 만들어주십니다. 이것이 바로 지식이 지혜가 되는 신비이며, 이를 몸소 실천하고 계셔서 가장 존경하는 부분입니다.

상담사로서 자기 이해는 필수입니다. 살과 충 등 부정적인 해석으로 명리학을 멀리하다가 건강한 명리를 만나면서 저에 대한 이해가 선생님 덕분에 커졌습니다. 자기 이해에 명리는 큰 도움이 될 것이며 그 기초를 다지는 교재로 적극 추천합니다.

김하서 - 심리상담 해봄 대표

이 책을 읽는 동안 숲과 나무를 같이 볼 수 있는 명리학을 접하게 되어 가슴이 벅찼습니다. 또한 물상학으로 마음자리를 찾아가는 길이 너무 흥미진진했으며 명리학의 새로운 세계를 여는 열쇠를 받는 느낌입니다.

최영서 - (주) 덕인 임원

생명체가 나고 자라며 변화하는 과정을 이치의 결 따라 기초 이론부터 누구나 쉽게 공부할 수 있는 유튜브 채널을 넘어 책으로 출간됨을 감축드립니다.

배지향 - (주) 신흥프린트 디자인실 편집장

崔子 孝明 원장님 덕분에 8푼의 작은 돌 위에 魂(혼)을 다하여 宇宙(우주)를 담습니다. 고맙습니다.

박종찬 - 가거도 섬사람

명리(命理)를 너머 명리(明理)의 진수를 볼 것입니다. 한학자의 무르익은 담론(談論)에 취합니다.

정환문 - 대전연수원 明田會 회장

陋室銘

兪禹錫

山不在高라도 有仙則名이오
水不在深이라도 有龍則靈이라
斯是 陋室에 惟吾德馨하고
苔痕上階綠이오 草色入簾靑이라
談笑有鴻儒러니 往來無白丁이라
可以調素琴이오 閱金經이라
無絲竹之亂耳하고 無案牘之勞形이라
南陽諸葛廬오 西蜀子雲亭이라
孔子云 何陋之有

산이 높지 않아도 신선 있으면 명산이요
물이 깊지 않아도 용이 살면 영수라지
이곳 누실에 오직 나의 덕향 만이 그윽하고
이끼 섬돌까지 올라와 대발에 푸름서리네
가끔 담소하는 홍유가 있을 뿐 왕래하는 속인은 없고
소박한 거문고소리만이 성현의 말씀과 어울리네
현란한 관현소리 귀 어지럽지 않고
안독은 내 몸을 수고롭게 않으니
이곳이야말로 남양제갈량의 초가요
서촉 양자운의 정자로세
공자 말씀 하시기를 이곳을 어찌
누추하다 하오리까!

孝明*

유현주
(시인 / 효명작명 3년 구독자)

세상이 내게
많은 것을 앗아가고
견디기 힘든
통증 속에
휘몰아치게 하였으나

달빛 한 줄기 타고
청아한 목소리가 내려
내 숨을 잡았으니

그대의 시선은
옥처럼 강하고
비단보다 부드러워
그 품에 안에
나를 묶어
그 생명으로
내 숨소리 이어가네

*유튜브 채널 '효명작명' (최화복 원장님)

효명
작명